F
126

AF317459

FACULTÉ DE DROIT DE PARIS

L'EXPERTISE CRIMINELLE

EN FRANCE

THÈSE POUR LE DOCTORAT

SOUTENUE LE 8 NOVEMBRE 1900, A 8 HEURES

Par M. GENESTEIX

Avocat à la Cour d'Appel

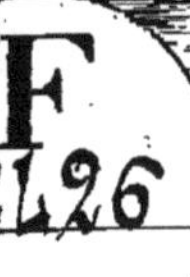

Président........ M. Léveillé, professeur.

Suffragants.... { M. Lainé, professeur.
{ M. Estoublon, professeur.

> La meilleure forme de justice est celle qui garantit le mieux à la société la punition de tous les coupables, la sécurité des innocents, et qui, méritant la confiance générale, fait dire au peuple que les sentences rendues sont la rigoureuse expression de la justice.
>
> (MITTERMAIER, *Traité de la preuve en matière criminelle*.)

PARIS

A. PEDONE, ÉDITEUR

13, RUE SOUFFLOT, 13

1900

L'EXPERTISE CRIMINELLE

EN FRANCE

BIBLIOTHÈQUE R. F. IMPRIMÉS

La Faculté n'entend donner aucune approbation ni improbation aux opinions émises dans les thèses ; ces opinions doivent être considérées comme propres à leurs auteurs.

FACULTÉ DE DROIT DE PARIS

L'EXPERTISE CRIMINELLE

EN FRANCE

THÈSE POUR LE DOCTORAT

SOUTENUE LE 8 NOVEMBRE 1900, A 8 HEURES

Par M. GENESTEIX

Avocat à la Cour d'Appel

Président.....　M. Léveillé, professeur.

Suffragants...　{ M. Lainé, professeur.
　　　　　　　　{ M. Estoublon, professeur.

> La meilleure forme de justice est celle qui
> garantit le mieux à la société la punition de
> tous les coupables, la sécurité des innocents,
> et qui, méritant la confiance générale, fait
> dire au peuple que les sentences rendues sont
> la rigoureuse expression de la justice.
>
> (MITTERMAIER, *Traité de la preuve
> en matière criminelle.*)

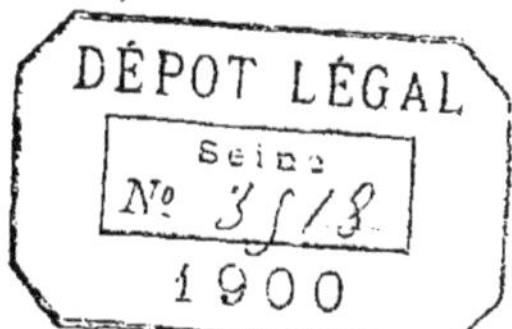

PARIS

A. PEDONE, ÉDITEUR

13, RUE SOUFFLOT, 13

1900

PREMIÈRE PARTIE

CHAPITRE PREMIER. — **Origine de l'idée d'expertise. Transformations de l'institution.**

L'expertise a dû exister de tout temps, car elle correspond à une évidente vérité acceptée par tous les peuples, et partout traduite en maximes. « *Perito in unaquaque arte credendum est* » répètent, après Pythagore auquel on attribue la paternité de celle-ci, tous les auteurs juridiques quand ils abordent l'expertise.

Rien de plus logique, en effet, qu'à chacun selon son métier ou ses connaissances, soit réservé l'examen des questions sur lesquelles il a l'habitude de porter son attention. Cette idée semble si naturelle, que c'est à Dieu même, qu'un auteur du xviiie siècle, Prévot, parlant de l'expertise médicale, fait remonter la confiance due aux médecins, et par suite, l'idée de leur confier l'examen des questions qu'ils semblent entre tous propres à résoudre. « L'Ecriture sainte, dit-il, parle en tant d'endroits de la science des médecins, qu'on peut dire que le Saint-Esprit a prescrit aux hommes d'y avoir confiance [1]. »

Dieu peut-être, la raison humaine sûrement, ont compris qu'au lieu de demander aux juges la solution de questions qu'ils ne connaissent pas, ou d'exiger d'eux une science universelle, il était plus sûr et plus facile de s'en rapporter aux personnes réputées expertes dans une science ou dans un art déterminés.

Aussi, dans toutes les législations, pourrait-on trouver des dispositions sur l'expertise : les lois romaines et les canons en contiennent de nombreuses, et dès cette époque, le nombre des experts et la manière de les départager fournissent matière à discussion. Moins loin de nous, dans le droit canonique, l'épreuve du congrès n'est qu'une application de notre principe, bien que les prêtres qui y figurent, ne puissent guère être regardés comme experts en la matière sur laquelle ils avaient à se prononcer.

Dès qu'une science ou un art existent, indépendants du droit, suffisamment développés pour

[1] Prévot, *Principes de jurisprudence sur les rapports judiciaires des Médecins, Chirurgiens, Apothicaires et Sages-Femmes*, p. 3. Paris, 1753. — Voici l'éloge que Jousse fait de Prévot, ancien bâtonnier auquel il attribue *Les lois criminelles* parues sous le nom de Meslé : « M. Prévot, qui était également estimable par la sagesse et la simplicité de ses mœurs et par sa vaste érudition, surtout dans les matières criminelles, est mort en 1753, âgé de 61 ans, universellement regretté de tous les gens de bien. »

garantir à leurs adeptes des connaissances ignorées de ceux qui ne se consacrent pas à leur étude ou à leur pratique, l'idée d'expertise est logiquement justifiée, et le magistrat doit emprunter du savant ou de l'artiste, les connaissances particulières qu'il ne possède pas par lui-même, ou que, du moins, il n'est pas réputé posséder par état.

Dans son application, cette idée subit deux influences. La science évolue selon les règles de toutes choses humaines, et d'après son développement, les applications de l'expertise se multiplient en même temps qu'augmente l'incompétence, et par suite la confiance forcée du juge.

Le droit, c'est-à-dire ici la procédure criminelle, subissant la même loi d'évolution, règle conformément à son esprit du moment la forme de l'expertise et sa valeur juridique.

Les deux sujets que l'expertise met en mouvement, l'homme de science qui examine et propose une solution scientifique, le magistrat qui le désigne ou devant lequel il expose son opinion, voient leur rôle modifié au gré de ces deux influences.

C'est à l'une ou à l'autre que, selon le point de vue auquel on se place, on rattachera les changements que l'expertise subit dans l'histoire. Le savant voit la science se développer, son concours devenir plus efficace, les questions qui peuvent être résolues plus nombreuses, en même temps que les réponses acquièrent davantage l'allure de la certitude. Le médecin par exemple voit l'expertise médicale grossière à son origine, n'ayant guère pour but que les constatations extérieures, en arriver avec les progrès de la médecine, de la chirurgie et de la chimie, à ne plus connaître de bornes à son domaine. Ce qui frappe le jurisconsulte, c'est la forme juridique de l'expertise changeant avec les périodes historiques de la procédure : il la voit partie de l'instruction criminelle, reflétant fidèlement les transformations de celle-ci, à tel point qu'il est tenté de dire que l'histoire de l'expertise criminelle n'est en somme que celle de l'instruction criminelle. Soumise comme toutes les autres mesures d'instruction à l'esprit inquisitorial sous l'Ordonnance de 1670, et même sous le code de 1808, n'est-elle pas, en effet, sous l'influence des idées actuelles plus libérales, plus soucieuses de l'intérêt du prévenu, à la veille de se voir appliquer le principe de contrôle qui, prôné depuis bien longtemps par les esprits les plus éclairés, donne des résultats féconds et indéniables dans la mesure où il a été introduit ?

En réalité, les transformations de la science et celles de la procédure exercent sur l'expertise une égale répercussion. Sans la science, l'idée d'expertise n'aurait pu naître et ne pourrait exister : sans la procédure, elle ne pourrait être appliquée ; et l'une et l'autre, en recevant de l'esprit humain les modifications qu'inspire le progrès, tendent à faire de l'expertise une institution se rapprochant peu à peu de la limite de perfection qu'elle peut atteindre, un moyen de preuve chaque jour plus complexe, plus sûr, moins accessible à l'erreur.

CHAPITRE II. — **Nature de l'expertise. — Elle porte sur un fait. — C'est un moyen de preuve « sui generis ». — Base de sa force probante. — Ses dangers.**

Avant d'aborder l'histoire de l'expertise, d'en étudier les variations, d'examiner comment, selon les différentes époques de l'histoire de la procédure, se sont conciliés, là comme dans toutes les autres parties de l'instruction criminelle, l'intérêt de la société désireuse de ne laisser aucun crime impuni, et les droits du prévenu qui, seul à se défendre contre l'attaque d'un pouvoir organisé, n'a pour le protéger que les garanties de la loi, il est nécessaire de rechercher dans l'expertise, indépendamment des périodes historiques, les éléments toujours exacts qui nous permettront de nous rendre compte de sa nature et de son mécanisme.

L'expertise est un moyen de preuve, et de suite nous apercevons qu'elle ne peut porter que sur un fait. Toute sentence que rend un tribunal comprend deux points : le point de droit, le point de fait. Cette division est importante dans notre droit criminel et tend à devenir de plus en plus la base de son organisation. Chacun peut être résolu par des personnes différentes. Au juge *stricto sensu* est soumis le point de droit, dont la solution exige des connaissances spéciales, la connaissance de la législation pénale et celle de la procédure criminelle ; au contraire, la solution du point de fait ne demandant aucune connaissance juridique, ne lui est pas nécessairement réservée. Cette division et ses conséquences sont fort anciennes. Bornier nous les rapporte en citant cette vieille maxime : « *Ad quœstionem facti respondent juratores, ad quœstionem juris respondent judices*[1] ».

Par cet exposé même, nous comprenons pourquoi l'expertise ne peut intervenir que sur un point de fait. Puisqu'en effet le point de droit est en principe toujours soumis au juge *(stricto sensu)*, et que celui-ci est toujours présumé posséder des connaissances juridiques approfondies, personne ne sera mieux qualifié que lui pour le résoudre : la confiance attribuée à ses jugements considérés comme l'expression de la vérité exige pour être continuée, qu'il ne se décharge pas sur d'autres de son travail, affirmant ainsi, en même temps que le savoir de ceux qu'il choisirait, son incapacité propre.

[1] On donne quelquefois un autre sens à cet adage.

Pour résoudre une question de fait, il suffit du
sens intime et inné que chaque homme possède en
soi, plus ou moins développé, plus ou moins déna-
turé aussi par l'expérience et l'éducation. La connaissance du fait dont l'existence ou la nature doivent
être établies s'acquiert en discutant non des règles
de droit, mais simplement les données des sens,
personnelles ou rapportées par autrui. Le sens intime
et inné, que nous aurions aussi bien pu appeler le
bon sens du juge du fait, en retient ce qui lui paraît
exact et dicte son jugement. Tout homme intelligent
est capable de cette opération de l'esprit ; les garanties qui pourraient résulter de l'expérience acquise
chaque jour par un juge de carrière n'imposant
aucunement son choix.

Quelquefois cependant, pour percevoir les faits qui
seront rapportés au juge, comme pour en tirer des
conséquences, il faut, nous l'avons déjà dit, quelqu'un
d'expérimenté, pourvu de connaissances ou d'apti-
tudes techniques et spéciales : le juge ne pourra
observer par lui-même, ni rendre par lui seul une
décision : il rendra la décision judiciaire, mais la
besogne lui aura été facilitée par des spécialistes, la
sentence lui sera apportée presque faite.

Un crime a été commis : le juge procède à des
constatations judiciaires, relève l'état des lieux, les
traces, la situation du cadavre, tout ce qu'un homme
d'intelligence ordinaire peut percevoir.

Mais il s'agit de décider si les blessures que porte ce noyé sont le résultat de ses pérégrinations au fond de l'eau, de chocs reçus après l'immersion, de la décomposition qui commence et qui fait gonfler le cou, ou si elles démontrent un assassinat, une strangulation, une attaque après laquelle le corps a été jeté à l'eau. Il s'agit de savoir si cette blessure est le résultat d'un suicide ou d'un crime, si ce mort qui n'offre aucune blessure apparente est décédé sous l'influence de causes naturelles ou s'il a été empoisonné.

Et dans ces cas, non seulement pour émettre une appréciation, mais même pour percevoir les traces qui lui serviront de base, le ministère d'un médecin ou celui d'un chirurgien est nécessaire, indispensable.

Le juge d'instruction a pu faire certaines constatations ; ce qu'il a constaté aurait pu aussi bien être rapporté aux juges du fait par un témoin ; le degré de force probante eût seul varié.

Ce qu'il n'a pu constater par lui-même, seul un expert le pouvait ; ni juges ni témoins n'auraient pu le suppléer, parce que la perception et le raisonnement ordinaires d'un homme étaient insuffisants, et devaient être dirigés par un certain degré de science ou de pratique.

Ainsi l'expertise nous apparaît comme un moyen de preuve distinct des autres, ayant un rôle spécial.

On l'a souvent considérée comme faisant partie de
la preuve testimoniale. On peut être tenté de dire,
en effet, qu'en rapportant son avis sur l'existence ou
l'absence de certains faits qu'il était chargé de vérifier, l'expert a fait œuvre de témoin ; qu'il lui a suffi
de voir et de rapporter ensuite ce qu'il a vu : en
réalité, l'expert n'a pas seulement vu, il a jugé ; s'il
eût été simplement témoin, il n'eût fait qu'apporter
son observation. D'ailleurs le plus souvent, il ne
peut y avoir de doute sur ce point ; la façon dont sa
mission lui est indiquée, les procédés compliqués
qu'il est obligé de suivre, la méthode de raisonnement qu'il emploie, le fait que son rapport se ter-
mine par des conclusions, montrent bien qu'on est
en présence d'une opération plus complexe qu'une
simple perception. Si dans certains cas, l'opération
est tellement simple, que le jugement surgit aussitôt
le fait observé, il n'y en a pas moins eu jugement.

C'est l'avis de Mittermaïer, c'est aussi celui de
Faustin Hélie. « Les témoins, dit ce dernier, donnent un témoignage, les experts une opinion.....
Leur mission ne se borne point à faire une visite et
à rapporter ce qu'ils ont vu. Ils sont chargés d'étudier, de vérifier le fait soumis à leur expertise : c'est
moins un témoignage qu'une appréciation qu'on leur
demande..... *medici proprie non sunt testes, sed est
magis judicium quam testimonium.* »

Et les auteurs de l'ancien droit, comme Prévot,

tirant logiquement les conséquences de cet adage, expression d'une vérité incontestable, en déduisaient que l'expert pouvait à la fois être reproché et récusé.

Quel que soit le nom qu'on lui donne, cette appréciation de l'expert porte sur un fait préjudiciel qui, une fois établi, servira au juge pour baser sa sentence.

C'est l'ignorance du juge en une matière spéciale qui l'a forcé à avoir recours à l'expert, aussi la force probante de l'expertise ne pourra guère avoir pour base, que la confiance qu'inspire la personne de l'expert et le serment qu'il a prêté.

« La force probante de l'expertise, dit Mittermaïer, est le résultat de présomptions qui s'enchaînent : c'est par l'effet d'une présomption, que nous reconnaissons aux experts les connaissances spéciales suffisantes, que nous leur attribuons le loyal désir de trouver la vérité seule au bout de leurs recherches ; mais ces présomptions, il faut qu'elles se corroborent de toutes les circonstances de la cause, pour que les dires des experts puissent constituer chez le juge une conviction suffisante ; d'où, pour lui, le droit important d'examiner leurs conclusions à fond. Et si l'on se rappelle combien souvent il arrive que ceux-ci sont obligés de prendre pour règle des lois scientifiques maintes fois et puissamment contestées, pour point de départ des expériences où l'erreur se glisse si vite, que dès lors, et dans tous ces cas, leur jugement n'est plus autre chose que l'expression de leurs opinions personnelles, on se convainc de plus en plus de cette vérité, que l'expertise comme tant d'autres preuves repose sur un enchaînement de présomptions. »

Base bien fragile sans doute, mais tous les moyens de preuve n'offrent-ils pas des dangers ? Les écrits peuvent être faux ou mal interprétés ; les témoins peuvent être entraînés au mensonge par leur amitié, leur haine ou leur intérêt ; ils peuvent se tromper de bonne foi ; l'aveu lui-même, qui semble la preuve par excellence, peut avoir été arraché par la torture physique ou morale, être l'effet d'un moment de découragement. Et par-dessus tout, le juge qui apprécie ces diverses preuves, peut, blasé par l'habitude, ne voir partout que des coupables.

L'erreur est donc partout en germe, et il serait enfantin de tonner contre l'expertise, parce qu'elle nous offre le spectacle de défaillances nombreuses ; l'utilité qu'on retire d'elle les fait facilement oublier. N'est-elle pas indispensable dans la plupart des cas pour établir le corps du délit ? Y renoncer, ne serait-ce pas se condamner à abandonner dans de nombreuses hypothèses la recherche de la vérité ? Et puis, si elle a pu amener la condamnation d'innocents, elle a souvent, en constatant l'absence de délit, prouvé l'innocence de malheureux que la rumeur publique ou la malveillance s'acharnait à dénoncer comme coupables.

Si elle est dangereuse, le vrai remède est de n'accepter ses résultats qu'avec prudence. Pour apprécier le degré de valeur qu'il attribuera à l'expertise, le juge n'a qu'à suivre un certain nombre de règles bien simples que lui indique Mittermaïer. Qu'il examine si les principes scientifiques que l'expert a pris pour base sont reçus par tous comme bien établis, si les déductions contenues au rapport sont suffisamment motivées, si le résultat de l'expertise concorde avec les données des pièces de la procédure, si les experts, s'il y en a plusieurs, sont tous d'accord, et selon que ces éléments seront tous réunis ou qu'il en manquera un ou plusieurs, qu'il lui accorde plus ou moins de confiance.

Bien des erreurs auraient été évitées d'autre part, si le juge, soucieux des règles qu'il doit observer en matière de preuve, avait tenu compte de l'hésitation ou du doute timidement exprimés dans des rapports d'experts.

Loin de là, incapable de trouver dans l'information ou dans l'instruction une preuve qui lui permette de baser une condamnation, il s'empare des conclusions de l'expert, oublie les hésitations contenues dans le corps du rapport ; il n'aurait pas osé, en l'absence de preuves, prononcer une condamnation, malgré la mauvaise impression ressentie ; si les conclusions de l'expert fortifient son sentiment personnel, il les accepte sans les examiner, exagère

même leur sens, condamne, puis, l'erreur découverte, rejette sur l'expert seul la responsabilité.

L'expertise n'en est pas moins par elle-même un
moyen de preuve très délicat, et cela parce que de
nombreuses causes contribuent à le rendre tel. La
science, l'expert, le juge, la procédure, autant de
motifs d'erreur.

La science est, entre toutes, chose variable. Produit
de l'esprit humain, elle est comme lui sujette à l'erreur, et ses progrès même, en révélant ses erreurs
passées pour y substituer des vérités ou prétendues
telles jusqu'à preuve du contraire, établissent combien toute œuvre humaine est fragile. Et comme
précisément certaines sciences, celle des poisons
par exemple, ont été, dès leur enfance, appelées à
l'aide de la justice, elles ont, par leurs données
inexactes, malgré la bonne foi et l'intelligence des
savants pris comme experts, été la cause d'erreurs
judiciaires nombreuses et irréparables.

Quand on examine maintenant en cette matière
des poisons, encore incomplètement connue, combien sont nombreux et compliqués les moyens scientifiques employés pour arriver à démontrer l'existence du poison, on ne peut se rappeler sans sou-
rire les moyens très primitifs employés autrefois.
Entre tous ces moyens, et dans certains cas, le seul,
celui qui revient dans tous les rapports, est l'épreuve
du chien. Ce pauvre animal, que l'homme appelle

son ami parce qu'il supporte sans révolte tous les mauvais traitements qu'il lui plaît de lui infliger, servait aux expériences ayant pour but d'établir l'existence du poison. On mêlait à sa pâtée les substances soupçonnées, ou lorsque l'autopsie fut pratiquée, les matières trouvées dans l'estomac du prétendu empoisonné. Et lorsqu'après avoir mangé, le chien mourait, c'était la preuve la plus indéniable de l'empoisonnement [1].

[1] Prévot, tout en indiquant combien l'expertise sur les poisons est sujette à caution, donne un modèle de rapport qui, fantaisiste ou non, démontre la simplicité des moyens alors employés :

« Nous, Docteur Régent de la Faculté de Médecine en l'Université de Paris et Maître Chirurgien juré en ladite ville, certifions à tous qu'il appartiendra que, aujourd'hui, 20 mars 1730, ayant été mandés avec empressement à deux heures après-midi, rue. . . . . . . , en la maison de . . . . , nous nous sommes transportés chez . . . . . , lequel nous avons trouvé dans une inquiétude extraordinaire, le visage pâle et défait, tourmenté de coliques violentes, vomissant avec de grands efforts, ayant le pouls petit, les mains froides, tombant souvent en défaillance ; ces accidents se sont manifestés après avoir mangé son potage ; sur ce, craignant qu'il n'eût été empoisonné, nous avons donné du potage qui était resté dans le plat à un chien, qui, presque sur-le-champ, nous a paru triste et abattu, inquiet et faisant des efforts pour vomir ; en conséquence, nous avons jugé que le dit . . . . . était empoisonné, et quoique nous lui ayons administré les remèdes convenables, nous estimons qu'il est en danger de perdre la vie ; en foi de quoi, nous avons signé le présent rapport pour valoir ce que de raison. Fait à Paris le jour et an que dessus. » *Prévot*, p. 227.

D'autres sciences sont incapables de donner, dans tous les cas du moins où on les fait servir, des résultats suffisamment probants. La science de l'écriture, par exemple. Qu'elle serve, par l'examen d'une pièce, à constater une altération ou une surcharge, rien de mieux ; mais imputer une pièce à quelqu'un sur la simple inspection de l'écriture, c'est, d'après le bon sens le plus élémentaire, à notre époque où l'écriture est si répandue, un résultat par trop problématique pour être admis comme preuve. C'était vrai du temps de Jousse et lors de la discussion de l'Ordonnance de 1670, c'est encore plus vrai à notre époque, où certain rapport fameux d'un expert en écriture a prouvé, plutôt que la prétendue culpabilité de l'accusé, l'incohérence d'esprit de son auteur et les dangers d'une science aussi incompréhensible, nécessitant des procédés et des raisonnements absolument dénués de sens commun.

Après les dangers qu'offre la science, dangers redoutables entre tous, parce qu'ils sont inévitables, ceux qui proviennent du fait de l'expert sont également nombreux. Non pas la malhonnêteté d'un expert : si l'ancien droit nous en offre des exemples, ils seraient à peu près introuvables à notre époque ; mais ceux qui peuvent naître, alors que la science permettant d'obtenir un résultat exact, l'expert en est incapable. Pour être expert on n'en est pas moins faillible : tel est inexpérimenté, tel autre est incomplet et inexact dans ses constatations, tel autre pèche par le manque de logique de ses déductions.

Le rôle d'expert, notamment en matière médicale, n'est d'ailleurs pas toujours aisé à remplir. « La médecine légale est une tâche épineuse, la plus épineuse qu'il y ait au monde, parce qu'il y a en elle un terrible décousu ; elle procède par bonds et par saccades et vous provoque à l'improviste *de omni re scibili et quibusdam aliis*, etc. [1] »

La responsabilité des erreurs qui apparemment proviennent des experts ne leur incombe pas toujours exclusivement ; le juge en a souvent sa part ainsi que la procédure.

Le juge y a participé, quand, chargé du choix de l'expert, il s'est laissé dominer par cette considération que celui-ci était plus soumis, plus maniable, plus enclin à donner tort au prévenu, et permettant par des conclusions plus affirmatives d'asseoir une condamnation, alors qu'un autre plus capable était en même temps plus indépendant.

Il y a participé, s'il n'a pas su déterminer dans quelle spécialité rentrait l'expertise à faire ; si d'autre part il a surtout prêté attention aux passages contenant charge, oublieux de ceux qui marquaient une hésitation.

Mais dans tous les autres cas, la responsabilité

[1] Penard, *Vieilles redites à propos de la médecine légale et des experts*, p. 7.

incombe à l'expert : il ne faut pas, parce que « les juges ne sont pas astreints à suivre l'avis des experts si leur conviction s'y oppose [1] », les rendre toujours responsables de la sentence qui a consacré une erreur d'expert.

En droit le juge peut et en somme a toujours pu ne pas s'en rapporter aux conclusions de l'expert : en fait il est bien rare qu'il ne se contente pas de les appliquer.

Pussort, dont l'esprit positif dédaignait les longues discussions théoriques et préférait constater la réalité, disait : « L'expert est beaucoup plus juge que le juge lui-même [2]. »

C'est indiscutable, et un arrêt statuant sur une question de responsabilité d'expert nous explique très bien pourquoi.

« Attendu que le juge qui nomme un expert pour vérifier un point spécial, indique bien qu'il ne se reconnaît point la compétence suffisante pour apprécier par lui-même, puisqu'il recourt aux lumières de l'homme de l'art ;

« Qu'on ne peut imposer à ce magistrat, qui tout d'abord ne s'est point reconnu apte à trancher ces questions délicates avec ses seules lumières, d'en avoir ensuite assez pour reviser le travail de l'expert

---

[1] Art. 323, Code proc. civ.
[2] Procès-verbal des conférences tenues pour l'examen de l'Ordonnance de 1667.

et décider que celui-ci a bien ou mal apprécié[1]. »

Personnellement nous allons même plus loin, et faisant abstraction dans cet exposé théorique des règles du droit positif, nous disons que le juge doit avoir confiance dans l'expert. Nous avons vu que le juge ordonne une expertise un peu en vertu de l'adage : « A chacun selon son métier ». Eh bien, si le juge de fait a la capacité nécessaire pour statuer en fait, le juge *stricto sensu* celle pour prononcer en droit, l'expert n'est-il pas mieux que personne qualifié pour prononcer sur le cas spécial qui lui est soumis? Si la procédure ne garantit pas sa capacité aussi bien que celle du juge, c'est affaire de simple réforme législative. Mais l'avis qu'il donne sur la question préjudicielle mérite autant de confiance que le jugement du juge ou du juré. Qui l'empêche d'être un jugement préparatoire au lieu de ne valoir que comme avis? Une simple convention. En logique c'est un jugement, en droit, un moyen de preuve. La valeur que lui accorde de son plein gré le juge est donc aussi méritée que celle que volontairement, en faisant abstraction des préceptes de la loi, nous accordons à ses jugements.

Avec le juge, la procédure peut avoir sa part de responsabilité dans l'erreur d'un expert ignorant. Il est évident que, pour que l'expertise ait chance

[1] Cour de Grenoble, 21 mars 1893, Dalloz, P., 93, 2, 292.

d'être exacte, il faut que le choix du juge puisse tomber sur un expert capable.

Si la loi réserve l'expertise à des privilégiés munis d'offices qu'ils ont achetés, il est fort à craindre qu'ils aient en vue les profits à réaliser plutôt qu'une bonne justice.

Conçue d'une autre façon, laissant libre ou à peu près l'accès de l'expertise, mais ne la rendant pas suffisamment honorifique ni rémunératrice, il se peut que les spécialistes de talent dédaignent une fonction trop dépendante et insuffisamment rémunérée, ne consentent à accepter que les expertises à effet, pouvant leur faire de la réclame, et laissent à d'autres moins capables les expertises dont aucun avantage ne rachète les inconvénients.

Par elle seule aussi, une mauvaise procédure peut faciliter les erreurs. L'accusé n'a pas connu le choix de l'expert dont il pouvait suspecter l'impartialité ou les connaissances, il n'a pas été présent ni représenté aux constatations, base de toute l'expertise : on ne lui a pas permis les conseils d'un avocat utile pour lui indiquer les ressources que lui offre la loi, ni l'aide d'un praticien pour vérifier le travail de l'expert et le combattre au besoin : on ne lui a peut-être communiqué l'expertise et le nom de l'expert que de manière à rendre illusoire cette communication.

En exposant les différentes erreurs possibles, nous

avons indiqué du même coup les moyens de les
éviter. Aux savants de perfectionner la science et
leurs connaissances particulières : au législateur
d'assurer le bon recrutement des experts et la sauve-
garde des droits de l'accusé : au juge enfin, qui seul,
par une application exacte et intelligente, peut tirer
de la loi les sages effets que le législateur en attend,
de se rappeler toujours cet éternel précepte de justice et de bonté, qu'il vaut mieux laisser échapper
cent coupables, que d'ailleurs il retrouvera toujours,
que de condamner un innocent.

DEUXIÈME PARTIE

CHAPITRE PREMIER. — **Dispositions législatives relatives à l'expertise.**

Dès la procédure accusatoire on trouve trace de l'expertise médicale dans de nombreuses coutumes, [1] mais la rareté des documents, la multiplicité des coutumes et des juridictions rendent une étude de cette époque trop complexe et trop difficile pour que nous la tentions.

De plus, ce n'est qu'avec le droit canonique, avec la procédure inquisitoire qui ordonne au juge de mettre en œuvre tous les moyens pouvant amener à la connaissance de la vérité que l'expertise criminelle prend son essor.

Ce n'est guère aussi qu'à cette époque, que la science sortant des ténèbres dans lesquels les invasions l'avaient plongée, en permet l'exercice.

L'ordonnance d'août 1670, apogée de la procédure inquisitoire, nous montre précisément l'exper-

---

[1] Prévot donne des indications à ce sujet.

tise telle que la comprit l'esprit de cette époque, telle d'ailleurs qu'elle est toujours restée.

Cette ordonnance ne réglemente pas l'expertise criminelle d'une manière générale, abstraction faite de l'objet sur lequel elle porte : elle procède par dispositions spéciales, dans des titres spéciaux.

Au titre V elle s'occupe de l'expertise médicale.

Aux titres VIII et IX de l'expertise d'écriture. Ce sont là ses principales dispositions sur notre sujet. Ces deux espèces d'expertises sont bien, en effet, celles qui le plus souvent sont usitées dans la procédure criminelle, mais on conçoit facilement que l'expertise criminelle pourrait porter sur d'autres objets.

Ce n'est pas son objet, en effet, qui classe l'expertise en civile ou criminelle : l'une et l'autre peuvent rouler sur une même matière, les questions posées à l'expert peuvent être identiques, le caractère de l'expertise sera déterminé par une autre idée. C'est la procédure dans laquelle elle intervient, la conclusion juridique en vue de laquelle elle est ordonnée qui lui donnera son caractère.

Aussi comprend-t-on que certaines règles, ayant un caractère général, s'appliquent à la fois à l'expertise criminelle et à l'expertise civile.

Actuellement, le Code d'Instruction criminelle est muet ou à peu près sur les règles à suivre en notre matière. Le Code de procédure civile lui fournira

certaines dispositions ayant un caractère général,
et qui ont été posées au titre XIV Des rapports
d'experts.[1]

De même l'ordonnance d'août 1670, dernière venue,
faisait de nombreux emprunts à l'ordonnance civile
de 1667. L'article 6 du titre XXV y renvoyait expressément : de même l'article 15 du titre IX.

Et, point plus intéressant, c'était dans l'ordonnance
de 1667 qu'on devait chercher les règles sur les
reproches et les récusations, applicables aux experts.

Cette intimité va même plus loin, l'ordonnance
de 1670 contient des dispositions relatives au faux
incident civil, qui dans notre droit a repris place
dans le Code de procédure civile.

Mais une grande différence sépare le système de
chaque ordonnance, et subsiste encore aujourd'hui.

En matière criminelle, l'expert est en principe
nommé d'office : l'article premier du titre V n'est
qu'une exception, imposée par la nécessité, dit Pussort.

En matière civile, au contraire, l'expert est nommé
par les parties : le juge n'intervient qu'en cas d'oubli
ou de refus pour les suppléer.

Cette substitution du juge aux parties, c'est en
somme toute la procédure inquisitoire. C'est ce même
esprit, qui tenant l'accusé à l'écart de toute l'infor-

[1] Par exemple l'article 323 C. P. C.

mation et, par suite, des opérations et de la procédure de l'expertise, accentue la différence avec l'expertise civile.

En plus de l'ordonnance de 1670, nous trouvons dans l'ancien droit l'ordonnance de 1737 qui, relative à l'expertise d'écriture, modifia certaines règles posées par celle-ci. Dans le Droit intermédiaire, c'est surtout dans la loi du 16-29 septembre 1791 et dans le Code des délits et des peines, 3 brumaire an IV, que se trouvent les dispositions relatives à notre sujet.

Enfin, dans le Code d'instruction criminelle, c'est aux articles 43, 44, 59 et aussi 303 par interprétation qu'il faut se reporter.

CHAPITRE II. — **Personnes que l'expertise met en présence. — Société. Accusé. Expert. — Esprit des réformes, du Code de 1808, de l'Ordonnance de 1670.**

« Le problème pénal n'a jamais cessé de comporter et comportera éternellement deux termes irréductibles : l'intérêt général de la société qui se défend et l'intérêt personnel de l'homme qu'elle accuse. Si l'on a trop longtemps, sous l'ancien régime, sacrifié le second au premier, on ne pourrait, sans péril, sacrifier maintenant le premier au second.

Le législateur doit avoir le souci constant d'assurer à l'un et à l'autre une part équitable de protection. » Telles sont les très sages et très exactes observations présentées en 1896 par la Cour de cassation, lors du projet de loi tendant à réformer le Code d'instruction criminelle.

Elles peuvent servir d'épigraphe aux réformes adoptées ou prêtes à l'être : elles n'auraient pas convenu au Code de 1808. Mangin nous indique son esprit. « Les lois criminelles ne doivent pas veiller uniquement aux intérêts du prévenu ; il faut aussi qu'elles soient attentives aux intérêts de la société. Si elles ne devaient protéger que les droits de l'inculpé, elles prescriraient de lui faire connaître, dès l'origine des poursuites, quels soupçons planent sur lui ; elles l'admettraient à discuter toutes les charges aussitôt qu'elles se présentent. Mais la société est éminemment intéressée à la punition des crimes ; et cet intérêt si légitime serait sacrifié, si le coupable, après avoir pris d'avance toutes ses précautions pour empêcher la vérité d'arriver au magistrat, devait encore être mis dans la confidence de ses découvertes. Il s'élève donc, dès le premier pas d'une instruction criminelle, un conflit d'intérêt entre le prévenu et la société. Dans l'impossibilité de les concilier toujours, le législateur est souvent obligé de faire céder l'un à l'autre : l'intérêt de la société est sans contredit celui qui doit prévaloir ; la justice du législateur consiste à n'imposer au prévenu que des sacrifices nécessaires[1]. »

C'est en des termes identiques, que d'Aguesseau défendait la théorie des faits justificatifs basée précisément sur cette même idée que l'intérêt de l'accusé à présenter sa défense, s'efface devant celui de la société à prouver l'accusation.

Jusqu'ici la société n'a jamais été sacrifiée, et malgré les craintes de la Cour de cassation, elle ne le sera jamais.

Le législateur la défendra toujours suffisamment, car il aura toujours et surtout en vue l'intérêt de la collectivité dont il fait partie, et qu'il est chargé de représenter. Personne, au contraire, ne voudra jamais se rendre compte que quels que soient son honnêteté et ses instincts pacifiques, il peut demain, à tort ou à raison, être transformé en accusé, et alors, trouver mauvais qu'on lui applique une procédure qu'il jugeait excellente, alors qu'il pensait qu'elle ne serait jamais que le monopole de ceux qu'il considérait comme la lie du peuple ou de la société.

Perpétuellement l'accusé sera, plutôt que la société, l'être sacrifié et intéressant. Il est, de plus, membre de la société ; édicter des mesures pour garantir ses droits, c'est encore dans une certaine mesure s'intéresser à la société, dont la principale raison d'être est

[1] Mangin revu par Faustin Hélie, *Instruction écrite*, premier volume, p. 52.

précisément la défense, par tous, des droits de l'individu.

A côté, l'expert aussi est intéressant, à la fois par lui-même, comme individu la plupart du temps doué d'un certain savoir, souvent traité en inférieur et en étranger par la famille judiciaire à laquelle des liens bien lâches, douteux même, le rattachent ; en même temps aussi, parce que le plus souvent à son expertise est subordonné le sort de l'accusé, une bonne ou une mauvaise justice. Améliorer son sort, assurer son indépendance, c'est en somme une bonne politique, c'est l'intéresser à ce qu'il fait et lui permettre un travail sérieux et impartial. L'empêcher de voir dans son œuvre, comme cela a pu arriver sous l'ancien droit, un moyen de faire produire un office plutôt qu'une collaboration à l'œuvre de justice, c'est encore sauvegarder les intérêts de l'accusé.

C'est autour de la lutte continuelle entre les droits de l'accusé et ceux de la société, et autour de l'organisation de l'expertise que pourrait graviter la partie historique de cette étude.

Ces droits de l'accusé, ils ont été bien sacrifiés sous l'ordonnance de 1670 et sous le Code d'Instruction criminelle : une aurore plus clémente semble se lever pour eux.

L'organisation de l'expertise a été, sous l'ancien droit, l'objet de bien des ordonnances : dans le

Code de 1808 elle n'est même pas esquissée. Aussi, son étude dans l'ancien droit exige de longs développements ; dans le droit actuel, elle tient en deux mots.

CHAPITRE III. — **Objet de l'expertise. — Constatation du corps de délit. — Ancien droit. — Responsabilité.**

L'expertise peut porter sur l'existence d'un fait, sur sa nature et ses qualités, sur la possibilité de son accomplissement par une personne quelconque ou par un individu déterminé, sur les conséquences à tirer de faits démontrés, sur la responsabilité d'un accusé.

Elle porte ainsi sur l'existence du délit, sur l'imputabilité et sur la responsabilité, c'est-à-dire, sur toutes les branches de l'instruction criminelle. L'objet de l'instruction criminelle est, en effet, d'établir l'existence du délit, d'en rechercher l'auteur auquel ensuite on appliquera la loi s'il est responsable.

L'ancien droit semble l'avoir surtout employée pour établir l'existence du corps de délit, et Jousse a été jusqu'à dire : « Le rapport des experts ne s'emploie que pour constater le corps de délit et pour en déterminer la cause [1]. »

[1] Jousse, *Traité de la justice criminelle*, Paris, 1761, 1er volume, p. 661, partie I, titre I.

C'est là une exagération, car, même dans l'ancien droit, l'expertise sur la démence était usitée, dans les limites cependant où la science et le droit admettaient que la folie pût diminuer la responsabilité.

La théorie du corps du délit existe encore aujourd'hui : la preuve de l'existence du corps du délit n'est plus indispensable comme on a pu le penser autrefois, mais, autant que possible, l'accusation s'attache à la fournir : l'article 44 du Code d'instruction criminelle dit, d'ailleurs, que le rapport des experts portera sur les causes de la mort et sur l'état du cadavre. Cette théorie a surtout été développée sous la procédure inquisitoire de l'ancien droit, elle existait déjà dans le vieux droit coutumier où il fallait montrer au juge la plaie ou le cadavre, mais elle nous intéresse surtout, du moment où l'expert vint aider et suppléer, en certains cas, le juge dans ses constatations.

Elle se rattachait à la division des crimes en permanents et passagers. « On peut considérer les crimes par rapport aux différentes manières dont ils peuvent être prouvés contre l'accusé, et sous ce rapport, on les divise : 1° En crimes permanents et 2° en crimes passagers. Les délits permanents sont ceux dont il reste des vestiges, comme l'homicide, l'effraction, l'incendie, etc. Les crimes passagers sont ceux dont il ne reste aucune trace, comme les injures verbales, le vol sans effraction[1]. »

[1] Jousse, 1er volume, p. 8, partie I, titre I.

Le corps de délit ne pouvait exister que dans les crimes permanents, mais là, il était nécessaire que son existence fût prouvée.

Rien ne nous montrera mieux l'importance du corps de délit dans la procédure inquisitoire que le passage suivant de Jousse : « Règles générales en matière d'information. — La première règle est qu'avant tout on doit constater le corps de délit, car si ce corps de délit n'est pas constant, c'est en vain que le juge fera entendre des témoins pour en connaître l'auteur, quelqu'indice qu'il y eût d'ailleurs contre lui.

« Sans ce préambule, toute la procédure serait inutile et vicieuse, et ce serait un édifice qui, n'étant bâti sur aucun fondement, ne pourrait manquer de s'écrouler.

« Et il ne suffirait pas que ce corps de délit fût constaté par le bruit public ; parce qu'il est arrivé souvent que ces sortes de bruits, quoique généralement répandus, se sont trouvés faux.

« A moins que le corps de délit ne soit suffisamment constaté, on ne peut passer à la condamnation de l'accusé, quelques preuves qu'il y eût d'ailleurs contre lui ; quand même il conviendrait avoir commis le crime pour lequel il est poursuivi.

« On ne doit pas le condamner non plus dans ce cas à la question. Ni même le constituer prisonnier.

« La raison de constater avant tout l'existence du

délit est fondée sur cette règle de droit, que quand
la loi établit une disposition à l'égard d'une certaine
chose, il faut, avant tout, que cette chose soit constatée, et cette règle est si importante dans la procédure criminelle qu'il est arrivé que les juges, pour
ne pas l'avoir strictement observée, ont fait mourir
injustement des innocents pour venger le meurtre
de certaines personnes qui, après, se sont trouvées
vivantes [1]. »

L'existence du corps de délit, si importante à
constater que Jousse la fait figurer dans sa définition
de l'objet de la procédure criminelle : « Tout l'objet
de la procédure judiciaire en matière criminelle se
réduit à constater le délit et à en découvrir l'auteur
pour lui infliger la peine qu'il mérite [2] », devait
« être constatée d'une manière spéciale [3]. »

C'était, « ou par des experts, ou par le transport
et examen des juges », quelquefois par témoins.

On voit de suite l'importance que devait acquérir
dans l'ancien droit l'expertise, moyen normal de
constatation du corps de délit.

La plupart des documents qui lui sont relatifs se
rattachent à cette fonction. C'est elle que nous trouvons exercée dans le registre criminel de St-Martin-
des-Champs [3], au XIVe siècle, à une époque de tran-

---

[1] Jousse, deuxième volume, p. 4, partie III, livre II, titre I.
[2] Jousse, préface, p. 17.
[3] Saint-Martin-des-Champs était une haute justice seigneu-

sition entre la procédure accusatoire et la procédure inquisitoire.

Quand la mort d'une personne semblait suspecte, le maire commettait un médecin pour rechercher la cause du décès[1].

riale entre les mains du clergé. Le registre criminel de Saint-Martin-des-Champs a été publié, accompagné d'une étude par M. Louis Tanon. La procédure est tantôt publique à l'audience, tantôt inquisitoriale, indiquée alors par cette mention dans les décisions rendues, qu'un procès a été fait. Dans le premier cas, le rapport de l'expert est déposé et lu à l'audience, et, sur les registres, il est suivi de l'indication des personnes présentes. Ce qu'il y a de caractéristique dans ces rapports, c'est qu'ils sont faits et déposés dans un très court espace de temps. C'était d'ailleurs une idée reçue dans l'ancien droit que les rapports devaient être faits et déposés le plus rapidement possible. Aujourd'hui, on distingue : Il est indispensable pour l'expert de noter sur-le-champ les constatations qu'il fait, mais il doit prendre au contraire tout son temps pour en déduire ses conclusions ; agir autrement l'expose, après un examen plus mûr, à revenir sur ses conclusions.

[1] P. 44, 26 juillet 1333. — Lundi de relevée après la Magdaleine, l'an XXXIII. Ce jour et heure, nous, maire de Saint-Martin, feusmes en la rue aus Gravilliers, en la maison de Jehan le Jeay, et là trouvasmes, en un sollier, une femme morte, appelée Jehanne Lestuveresse, harangière, laquelle nous fismes visiter et regarder deuement et diligement, en la manière qu'il appartenait être fait, par mestre Henri Ostran, sururgien-lieutenant, et ou nom de maistre Jehan de Vailli, notre mire juré, lequel, 11 heures après ce qu'il ot veue et regardée diligement, en la manière qu'il appartenait à l'art de la sururgie, nous rapporta par son serement, que il l'avait trouvée sans casseure, froisseure, blesseure et navreure, et sans aucuns coups orbes, par quoi il appareust

D'autre part, quand un cadavre était trouvé dans la rue, il était transporté dans la cour de justice, sur une petite place, sous un orme, qui semble abriter la morgue de cette juridiction.

L'expert l'examinait et le laissait ensuite aux yeux de tous.

Cet examen de l'expert désigné par le maire, était d'autant plus important, que l'intérêt de ses conclusions ne reposait pas seulement sur le point de savoir s'il y avait eu crime ou mort naturelle. Le suicide, troisième solution possible, avait pour résultat, s'il était établi, le procès au cadavre qui, si aucune cause d'excuse n'était admise, était justicié, c'est-à-dire traîné et pendu.

Les autres cas soumis à l'expert, au mire[1] juré de Saint-Martin-des-Champs sont toujours à peu

qu'elle eut prins mort et qu'elle était morte d'une maladie appelée en l'art de sururgie, érésiple, autrement dite et nommée le feu Notre-Dame.

Présens ad ce dit rapport, etc..... Lequel rapport, maistre Jehan de Vailli, depuis ce qu'il ot veue la dite fame, rateffia, loua et aprouva le mardi suivant.

[1] Prévot, p. 13, note. — (Myre. Vieux mot qui signifiait autrefois médecin ou plutôt chirurgien, qu'on a appelé longtemps Maître, Myre ou Mière : il est encore d'usage en proverbe parmi les chasseurs.

> Après le Cerf la Bière
> Après le Sanglier le Mière

pour dire que la blessure du cerf est mortelle et que celle du sanglier est curable.

Il vient du mot grec μύρον qui signifie onguent. »

près les mêmes. A la suite d'une batterie ou d'une agression, il examine les blessures apparentes, ou les coups orbes (cachés) et rapporte s'il y a

> péril de mort ;
>
> péril de méhaing (mutilation d'un membre) ou péril hors.

La matrone examine des jeunes filles qui prétendent avoir été violées, ou des femmes enceintes qui affirment avoir été battues, et qui généralement, prennent plaisir à ajouter que l'enfant qu'elles portent dans leur sein doit être mort à la suite des coups reçus : circonstance aggravante qui transformait le délit en crime.

Le but de tous ces rapports se rattache, on le voit, à la constatation du corps de délit.

Le registre criminel du Châtelet à la fin du XIVᵉ siècle contient peu de rapports d'experts. C'est que la juridiction n'est pas la même, non plus que les justiciables. Saint-Martin-des-Champs, haute justice seigneuriale, jugeait surtout les habitants du quartier. Le Châtelet, justice royale, juge les pires malfaiteurs, les routiers, les bandits de grands chemins.

Aussi, là, plus tant de précautions pour établir le corps de délit : la torture, pour les gens de mauvaise vie tout au moins, est à peu près le seul moyen d'information. D'ailleurs on se débarrasse de ces bandits plutôt qu'on ne les juge : l'aveu, considéré à ce moment comme la preuve par excellence, est employé pour leur faire confesser une série épouvantable de méfaits, viols, assassinats, etc., et on les pend.

L'effacement dans lequel est tenue l'expertise qui, on l'a vu, ne fait pas double emploi avec la torture, puisque d'après Jousse l'expertise a pour but d'établir le corps de délit en l'absence duquel « l'accusé ne peut être condamné à la question », provient peut-être aussi de la substitution de la procédure inquisitoire pure à la procédure mixte de Saint-Martin-des-Champs. L'expertise ordonnée par le juge qui informe, est peut-être jointe aux pièces du procès, sans qu'il en soit toujours fait mention. Celle rapportée à l'audience devant les conseillers qui l'ont ordonnée, apparaît mieux d'ailleurs.

Quoi qu'il en soit, il est regrettable que l'expertise ne soit pas employée davantage à cette époque, surtout dans certains cas : c'est dans les accusations bizarres d'empoisonnement de sources, dans celles d'empoisonnement et d'ensorcellement par un chapeau d'herbes par exemple, comme dans le procès de Margot de la Barre. Un peu de science mêlée à ces fantaisies judiciaires eût mieux valu que la question qui faisait reconnaître à l'accusée qu'elle avait vu Satan lui apparaître.

Il eût été sage dans tous ces cas de constater le délit « d'une manière spéciale », selon l'expression de Jousse, avant de passer à la question.

La possession fut pourtant dans l'ancien droit l'objet d'expertises médicales. Prevôt, page 267, sous le titre « *Expertises sur possessions vraies ou fausses* » nous cite l'histoire d'une certaine Marthe Brossier qui se prétendait possédée, et que son père promenait dans les villes « espérant y gagner de l'argent ». Présentée à l'évêque d'Angers pour être exorcisée (dans le but, il semble, de donner à sa possession une attestation authentique), elle fut soumise par ce prélat incrédule en cette matière à une série d'expériences amusantes. « Il commença par ordonner qu'on ne lui donnât pendant quelques jours que de l'eau bénite pour boisson, de quoi, elle n'est ni changée ni émue : quelques jours après, lui fait apporter de l'eau commune non bénite en un bénitier. Lors Marthe voyant un bénitier, se couche, se débat, et fait ses grimaces ordinaires ; puis le saint Evêque lui dit qu'il avait un morceau de la vraie Croix, prend une clef en fer, l'enveloppe dignement en façon de relique, l'offre à baiser à Marthe, et sur-le-champ, elle commence à faire ses diableries. Peu après, « qu'on m'apporte mon grand livre d'exorcisme », se fait apporter un Virgile, commence à dire « *Arma virumque cano* » ; lors Marthe pensant être les paroles de l'exorcisme, tombe à terre, et se tourmente du mieux qu'elle peut. La feintise découverte, l'évêque la renvoya. — A Orléans, on lui brûla sous le nez d'un parfum indiqué par le livre « *Flagellum dæmo-*

num ad fugandos et fumigandos dæmones ». C'est un mélange de soufre, d'*assa fætida*, de *galbanum de rue*, etc. Elle cria bien haut : Pardonnez-moi, j'étouffe, il s'en est allé.

A Paris, par ordre du roi, du parlement et de l'évêque, elle fut examinée par les plus célèbres médecins : Marescot, Hellain, Riollan, Duret. Après plusieurs expériences, un examen réfléchi, interrogations faites en grec, en latin, etc., les médecins dirent qu'il y avait bien des choses feintes, peu de maladie, rien du tout du démon... C'est ce qui encouragea le Parlement à la faire remettre entre les mains du Lieutenant-Criminel Lugoly qui la fit renfermer en prison. »

Par arrêt du Parlement du 4 mai 1599, son père fut déclaré tenu de la garder chez lui et de la surveiller.

Dans le registre criminel du Châtelet, on trouve une autre expertise assez bizarre : celle des barbiers et des perruquiers.

Le but n'est plus de constater un délit : non, c'est un procédé d'identification, quelque chose comme un précédent de la méthode anthropométrique. Cette expertise est employée quand un criminel veut se faire passer pour clerc. A toute époque, les criminels ont toujours été rusés, surtout quand ils ont eu leur tête à sauver : ils ne le seront jamais plus que quelques-uns des clients du Châtelet.

Florent de Saint-Leu se disait clerc. A son entrée
en prison, on l'avait examiné, il ne portait pas la
tonsure, mais comme il affirmait sa qualité de clerc,
on l'avait, par mesure de précaution, enfermé seul
dans une cellule, « afin que par aucun il ne se feist
faire, sur la tête, le signe de tonsure ». Malgré tout,
lorsqu'il comparut devant les juges, il était tonsuré.
On nomme une commission de barbiers « tous barbiers jurés audit métier expers et connaissants audit
métier »; un « barbier juré du roi notre sire audit
Châtelet » faisait même quelquefois partie de ces
commissions; et après un minutieux examen, les experts déclarent que la tonsure n'a pas été faite par
la main d'un barbier, « mais avait été et était fres-
chement faite, comme d'un jour ou d'une nuit et
plumée aus mains, c'est à savoir, éfrachié et tiré l'un
des cheveux après l'autre ».

C'est un fait assez curieux et bien établi, si extraordinaire qu'il paraisse, que l'Eglise et les malfaiteurs avaient, à l'époque de l'ancien droit, un pen-
chant réciproque. De la part des malfaiteurs, c'était
par une sympathie bien compréhensible pour le système pénal adopté par l'Eglise, bien plus doux que
celui des autres justices (pour les crimes de droit
commun) et n'admettant pas la peine de mort. De la
part de l'Eglise, c'était moins par sympathie pour
les malandrins qui réclamaient sa protection que
pour étendre son influence et sa juridiction, mani-

fester sa puissance et augmenter ses privilèges. Nous allons en trouver une nouvelle trace dans une institution se rattachant à la constatation du corps de délit.

Les Maîtres chirurgiens jurés de Paris, en prêtant serment devant le Prévôt de Paris lors de leur réception, s'engageaient notamment devant lui « à ne visiter ou panser un blessé dans les lieux sacrés et privilégiés, qu'une seule fois, et à donner avis de la blessure au Prévôt de Paris, ou à son Lieutenant, ou aux auditeurs du Châtelet[1]. »

Le but poursuivi était (note de l'édition du Louvre) « que le blessé manquât de secours temporel s'il méritait punition ». Une ordonnance d'avril 1352 reproduisant le texte de l'ordonnance précitée ajoute que c'est « pour ne pas laisser impunis ceux qui ont blessé ». Cette impunité était procurée par l'asile accordé dans des chambres bâties exprès au-dessus des Eglises[2].

Cette disposition était un moyen assez ingénieux de faciliter la constatation du corps de délit. Elle peut être regardée comme un précédent de l'Edit de décembre 1666, maintes fois reproduit, qui obligeait les chirurgiens d'inscrire le nom des blessés qu'ils ont soignés, de mentionner le caractère de leurs blessures, et d'en avertir le commissaire de police.

[1] Ordonnance Philippe, novembre 1311.
[2] Prévot, p. 16.

La même obligation fut étendue aux médecins. Les uns et les autres, les médecins surtout, tinrent d'ailleurs à honneur de ne pas l'observer. La Cour de cassation finit par les en dispenser, lorsque ces faits relatifs à l'exercice de leur profession leur ont été confiés sous le sceau du secret.

D'autres dispositions ont été de tout temps édictées pour régler la manière dont l'existence du délit doit être constatée et pour faciliter sa constatation.

Elles sont le germe des articles 43 et 44 du Code d'instruction criminelle.

Une déclaration du 5 septembre 1712 réglemente ainsi les formalités à observer lors de la découverte d'un cadavre : elle enjoint « aux juges et commissaires de se transporter diligemment sur les lieux, de dresser procès-verbal de l'état auquel le corps aura été trouvé, et de le faire visiter par chirurgien en leur présence. »

Si nous croyons un passage du tableau de Paris en 1782 [1], il y aurait eu d'ailleurs plutôt trop de formalités. « Qui croirait qu'il n'y a pas vingt ans, lorsqu'on repêchait un noyé, au lieu de lui administrer promptement les secours propres à le rappeler à la vie, on le laissait à moitié corps dans l'eau, jusqu'à ce qu'un commissaire fût arrivé pour dresser son procès-verbal. »

[1] Premier volume, p. 140.

L'expertise sur la démence existait dans l'ancien droit : Serpillon notamment nous en donne des exemples. Mais les idées d'alors étaient bien différentes de celles d'aujourd'hui, et la raison en est bien simple, la théorie scientifique sur la folie s'est complètement transformée. Alors, la démence sur laquelle pouvait porter l'expertise, celle-là seule qui pouvait déterminer l'irresponsabilité, devait « aller jusqu'à une fureur habituelle et continuelle [1] ».

Aujourd'hui la science admet que, malgré une apparence de raison, les criminels sont souvent des êtres inconscients ou prédisposés. Plus leurs forfaits sont éclatants, moins leur responsabilité est probable. Le progrès a rendu les constatations sur ce point plus faciles : l'autopsie permet en effet de rechercher après l'exécution des grands criminels que leurs forfaits ont fait condamner à la peine capitale, si rien d'anormal au siège de leurs facultés, n'explique dans une certaine mesure l'impulsion à laquelle ils ont obéi.

Dernièrement encore, nous apprenions, par ce procédé, que la responsabilité d'un criminel célèbre affirmée par l'un des princes de l'expertise médicale n'était aucunement démontrée.

La folie complète a de tout temps été considérée comme faisant disparaître chez le criminel la volonté nécessaire pour l'existence de tout délit : la seule difficulté était dans sa constatation : mais la folie

[1] Prévot, p. 260.

relative, au contraire, la monomanie, l'idée dominante à laquelle l'individu ne peut se soustraire, a été longtemps discutée : elle semblait un spécieux et paradoxal plaidoyer en faveur d'une mauvaise cause, et elle bouleversait trop les idées reçues, la base du droit de punir. La phrase de Dupin et Tardif est restée célèbre : « La monomanie est une ressource moderne, elle serait trop commode pour arracher tantôt les coupables à la juste sévérité des lois, tantôt pour priver un citoyen de sa liberté. Quand on ne pourrait pas dire : il est coupable, on dirait : il est fou, et l'on verrait Charenton remplacer la Bastille. »

Aujourd'hui encore, dans le cas de monomanie, d'idée dominante, l'expert a tendance à ne pas admettre facilement l'irresponsabilité : dans bien des cas, sous une influence dont nous nous occuperons plus tard, il semble préoccupé de trouver un raisonnement qui permettra, malgré une irresponsabilité probable, de prononcer une condamnation. Prenons un cas, par exemple, dans une catégorie d'outrages publics à la pudeur très fréquents : le prévenu a agi sous l'influence irrésistible de l'approche d'une crise d'épilepsie : il n'a pu résister, il est irresponsable ; mais, continue l'expert, cette épilepsie est le résultat de l'alcoolisme, le prévenu n'était ni épileptique ni alcoolique de naissance ; l'état maladif dans lequel il se trouve est le résultat

de sa volonté, il doit en être déclaré responsable
ainsi que de son délit.

C'est un raisonnement semblable à celui qui, dans
le Code de justice militaire, **fait** considérer l'ivresse
comme n'étant jamais une circonstance atténuante.
Appliqué dans tous les cas, il conduirait à des déductions assez amusantes quand on songe que c'est
dans l'idée dominante que la femme enceinte qui
vole, trouve son excuse.

Cette façon de raisonner s'explique aisément : elle
est inspirée par le désir de ne pas laisser impunis
des individus qui se sont mis eux-mêmes en dehors
des états normaux de l'existence : la plus grave critique qu'on puisse lui faire est d'arracher des malades à la maison de fous pour les envoyer en cellule [1].

Ce raisonnement n'est pas non plus d'accord avec
le texte de l'article 64 du Code pénal. « Il n'y a ni
crime ni délit, lorsque le prévenu était en démence
au temps de l'action. » Ce texte, d'ailleurs, semble
n'exister que pour ne pas être appliqué, et cela,

[1] « Il y a d'ailleurs un grave inconvénient à condamner
les imbéciles et les demi-imbéciles au lieu de les renvoyer
dans une maison de fous : enfermés pendant quelque temps
dans une prison, ils y contractent des vices qui les rendent
beaucoup plus dangereux pour la société ; retenus, au contraire, dans une maison de fous pour le reste de leurs jours,
si leur famille ne peut les entretenir et les faire surveiller,
ils sont mis pour toujours à l'abri de la séduction et des
mauvais exemples. » Orfila, *Traité de médecine légale*, premier
volume, p. 28.

grâce à l'interprétation du mot démence. La disposition du Code des délits et des peines considérant au point de vue pénal l'aliénation mentale comme une simple excuse, plairait mieux, il semble, à nos magistrats et à nos experts.

L'ancien droit était d'ailleurs plus rigoureux encore : la folie était considérée comme un fait justificatif, et d'après la jurisprudence, il ne pouvait être examiné que par la Cour sur l'appel et non par les premiers juges.

CHAPITRE IV. — **Force probante.**

Nous avons déjà étudié la base de la force probante de l'expertise, et nous avons vu qu'elle était le résultat d'une série de présomptions que le juge a le droit de contrôler.

L'expertise semble avoir toujours eu une force probante relative, subordonnée à l'examen du juge.

Dans le registre criminel de Saint-Martin-des-Champs, [1] dans une accusation de viol, malgré un rapport très affirmatif de la matrone concluant au viol et à la culpabilité de l'accusé, rapport confirmé par les circonstances de fait, nous voyons néanmoins le juge prononcer un acquittement.

Jousse définit la preuve par experts « une espèce

[1] P. 187.

de preuve testimoniale »[1] qu'il considère d'ailleurs comme un pis-aller, « les juges sont obligés de recourir à ces sortes de moyens, comme les seuls qui peuvent suppléer, du moins en partie, à ce qu'ils ignorent d'ailleurs ».[2] Cela fait, il examine si le juge est tenu de juger conformément aux rapports d'experts, et ici il est nécessaire de le citer en entier.

« Quatrième question. Le juge est-il obligé de s'en tenir aux rapports des experts, de manière qu'il soit obligé de juger conformément à ces rapports, quand même ils ne rendraient aucune raison de leur opinion ?

« Il faut faire à cet égard une distinction : ou les experts font leur rapport sur des choses qui tombent sous les sens ; v. g. sur la grossesse d'une fille ou d'une femme ; ou sur la blessure pour laquelle on a nommé des médecins et chirurgiens : dans ce cas, la simple déclaration ou rapport des experts est suffisante, quand même ils ne rendraient aucune raison de leur dire ; parce qu'alors, ils jugent suivant la manière commune de juger des hommes, et non par le raisonnement ; mais s'il s'agit d'un rapport dans lequel il faille que les experts décident par le raisonnement, et suivant les règles et principes de leur art : comme lorsqu'en visitant un cadavre, il faut décider si la personne est morte d'apoplexie, de

[1] Jousse, 3e partie, livre I, titre III, p. 746.
[2] Id., p. 747.

poison, de blessures, etc., alors les experts doivent rendre raison de leur opinion, et déclarer par les circonstances et l'examen des parties du corps, s'ils estiment que la personne est morte de poison ou de blessures, ou de mort naturelle et rendre raison de leur déclaration, pour que le juge puisse y avoir égard. »[1]

Dans tout rapport ou procès-verbal d'une personne revêtue d'un caractère public on distingue au point de vue de la preuve : ce qu'elle a constaté elle-même par l'intermédiaire de ses sens *de visu et auditu*, les énonciations qui lui sont personnelles font foi jusqu'à inscription de faux. Ce qu'elle ne fait que rapporter d'après les dires d'autrui, ou ce qui n'est de sa part qu'une simple appréciation, n'a pas la même valeur probante.

Est-ce une distinction de cette nature que propose Jousse ? Il est certain que l'expert qui affirme dans un rapport qu'il a été, tel jour, à telle heure, à tel endroit, doit être cru jusqu'à inscription de faux[2] ; mais peut-on assimiler à des énonciations de cette nature certaines de ses constatations faites en exécution du mandat qui lui a été donné par le juge, et portant sur des faits qui ont nécessité son intermédiaire ? La question pour nous ne se pose même pas ; nous avons expliqué, suivant en cela l'avis de Mitter-

[1] Jousse, partie III, livre I, titre III, deuxième volume, p. 747.
[2] Cass., 14 janvier 1836.

maïer, que tout ce que l'expert rapporte aux juges est le résultat d'un raisonnement et non d'une simple observation, semblable à celle d'un témoin. L'expert, pour prendre l'exemple de Mittermaïer, qui songeait peut-être au passage de Jousse, ne constate pas l'existence d'une grossesse comme un témoin la couleur d'un objet ; de certains signes apparents il tire une relation d'effets à cause, et en déduit l'existence de la grossesse. Cela est si vrai et si raisonnable, que tous les jours nous voyons des médecins poursuivis par des jeunes filles qu'ils ont déclarées enceintes, alors qu'elles ne l'étaient pas et qu'il était même impossible qu'elles le fussent. Pour de simples observations par les sens, celles-ci manqueraient du caractère d'évidence matérielle qui les caractérise.

Du moment où dans l'ancien droit la preuve par experts rentrait dans la preuve testimoniale, elle devait se voir appliquer les dispositions qui réglementaient celle-ci.

La première règle imposée par la théorie des preuves légales, alors appliquée, était contenue dans l'adage : *Testis unus, testis nullus.* Aussi Jousse dit dans sa préface : « Pour les témoins et les experts, c'est avec raison que les lois les ont fixés au nombre de deux, » et plus loin : « Les rapports, en général, pour être valables, du moins quand ils sont ordonnés en justice, doivent être faits par deux experts, car les experts sont des espèces de témoins qui doivent être au nombre de deux pour faire foi en justice. »

Cette nécessité du nombre de deux est une exigence caractéristique du droit criminel : en droit civil un seul expert suffisait.

« Au civil, dit de Blegny [1], il arrive souvent que, pour une raison d'économie, les parties conviennent de ne nommer qu'un seul expert, mais « le nombre des experts est d'autant plus nécessaire pour faire une régulière vérification d'écritures ou de signatures, que s'il arrivait qu'un seul expert vérifiant la pièce la trouvât fausse et la déclarât telle par son rapport, on ne pourrait pas tirer de ce même rapport une preuve suffisante de sa supposition, jusqu'à ce qu'au moyen d'une seconde vérification, faite par nombre d'experts, il eût été rendu un pareil témoignage de cette même supposition. »

L'expertise criminelle devait donc toujours être confiée à deux experts (l'ordonnance de 1670 parle des experts au pluriel), et pour faire charge les deux experts devaient être d'accord. Sur ce point, pas de doute, de nombreuses citations pourraient confirmer de Blegny. Jousse, par exemple : « Si les experts ne s'accordent pas en leur rapport, ou qu'ils se contredisent, et varient dans les circonstances de fait, c'est comme s'il n'y avait point du tout de rapport, et il

[1] P. 43.

faut en nommer d'autres pour constater le délit[1]. »
C'est surtout dans l'expertise d'écriture, où les experts étaient assimilés aux témoins, que cette règle devait s'appliquer avec beaucoup de force. Les auteurs citent, d'autre part, un arrêt du Parlement du 30 janvier 1703 qui condamna à 150 livres de dommages-intérêts et aux dépens un chirurgien qui avait blessé une femme en l'opérant, et ils mentionnent qu'en l'espèce, le juge condamna malgré deux rapports favorables, parce que les rapports de cette nature sont toujours suspects, les chirurgiens ne manquant jamais de se favoriser les uns les autres. Tout nous indique qu'il s'agit ici d'une décision au civil, n'ayant sur notre matière aucune influence.

En cas de désaccord entre les experts, le juge, selon les règles du système des preuves légales, ne pouvait donc pas condamner, mais l'accord des deux experts l'obligeait-il à condamner ou à considérer le délit comme établi? Devons-nous, poursuivant l'analogie avec la preuve testimoniale, considérer deux experts d'accord, comme une preuve pleine et entière, vraie, directe, et devant par conséquent faire condamner? Non. « Le juge, dit Bruneau, n'est pas si fort astreint au rapport qu'il ne doive examiner les raisons des parties. » Et Jousse : « Le juge n'est pas tenu de s'astreindre à ces sortes de rapports[2]. »

[1] Jousse, partie III, livre I, titre III, premier volume, p. 749.
[2] Id., p. 748.

L'expertise d'écriture était comme moyen de preuve pourvue d'une force probante bien faible.

Un arrêt du Parlement de Toulouse, du 18 juin 1665, préférait au rapport des experts, qui déclaraient faux un acte, les dépositions des témoins qui l'avaient vu signer.

Mais il y avait mieux, les auteurs de l'ordonnance de 1670 la considéraient comme ne pouvant suffire, par elle seule, à faire prononcer une condamnation.

Voici, en effet, la discussion qui s'éleva sur un article XV du titre VIII, ainsi conçu :

« Sur la seule déposition des experts et sans autres preuves, adminicules, ou présomptions, ne pourra intervenir aucune condamnation de peine afflictive ou diffamante.

M. le premier président a dit qu'il fallait rayer cet article ou retrancher tout le titre : puisque après avoir réglé la façon de procéder aux vérifications d'écritures, et avoir ordonné la déposition, le récolement et confrontation des experts, l'on ne pourrait prononcer aucune peine afflictive sur cette seule procédure : que cela serait de trop dangereuse conséquence.

M. Talon a dit que bien que l'on sache assez que l'on ne doit pas ajouter une entière croyance à la déposition des experts, et que leur science étant conjecturale et trompeuse, il serait périlleux de prononcer une condamnation sur leur simple témoignage ;

il est pourtant à craindre que la défense portée par
l'article ne rende les faussaires plus hardis ; et qu'étant
instruits qu'ils n'ont rien à craindre pour leur vie ni
pour leur honneur, pourvu qu'ils soient assez adroits
pour n'appeler personne en participation de leur
crime et ne pas tomber dans d'évidentes contradictions, ils n'entreprennent, avec moins de scru-
pules, toutes sortes d'antidates et de faussetés. Les
juges ne sont déjà que trop circonspects sur ces
matières, sans qu'il soit besoin de leur lier les mains ;
et bien que ces mots, sans autres preuves, adminicules ni présomptions, semblent leur laisser la liberté
tout entière et, par là, rendre l'article inutile, cette
assurance qu'auront les faussaires de ne pouvoir être
condamnés, non pas même qu'à une amende, sur la
déposition des experts, rendra sans doute plus fré-
quent le crime de faux qui est celui qui fait le plus
de procès et qui trouble le plus la société civile.

M. Pussort a dit que ces observations paraissaient
considérables et qu'il fallait en parler au roi.

Ce dernier article a été supprimé. »

Aux yeux des auteurs de l'ordonnance de 1670,
l'expertise d'écriture était, plutôt qu'un moyen de
preuve sérieuse, un épouvantail à faussaires.

Dans notre législation actuelle, c'est à l'article 323
du Code de procédure civile qu'il faut aller emprunter les règles déterminant la force probante de l'expertise ; il est ainsi conçu : « Les juges ne sont point

astreints à suivre l'avis des experts si leur conviction s'y oppose. »

Nous arrivons à cette conclusion que jamais, dans notre histoire juridique, le juge n'a été lié par les rapports d'experts, du moins pour prononcer une condamnation : nous verrons qu'à notre époque il existe des tendances moins libérales [1].

[1] Voir plus loin, p. 138.

<h1 style="text-align:center">TROISIÈME PARTIE</h1>

CHAPITRE PREMIER. — **Expertise d'écriture.
— Ordonnances de 1670 et 1737. — Expertise par voie d'information.**

L'expertise d'écriture est un moyen de preuve que l'on s'accorde à trouver dangereux entre tous. C'était l'opinion de Jousse qui l'appelait « un moyen de preuve très équivoque » et qui lui préférait la preuve par témoins quand elle était possible : c'était l'opinion des auteurs de l'ordonnance de 1670 ; celle de d'Aguesseau qui disait de la vérification des écritures : « Ce n'est qu'un argument, un indice, une présomption invraisemblable tirée de la vraisemblance des caractères, sur laquelle rien n'est plus facile, disons même rien n'est plus commun, que d'être trompé [1]. » C'était enfin l'opinion des experts eux-mêmes ; de Raveneau, par exemple, qui l'exprimait avec des circonlocutions bien compréhensibles : « ..... Cet art n'est pas toujours infaillible ni assuré comme le plomb dont se servent les architectes et

[1] 31e plaidoyer, 2e partie.

les maçons ni comme le carat dont se servent les orfèvres à l'égard des perles, ni comme le compas fixe des mathématiciens. » A toutes les époques, le public a partagé cette opinion, et tout le monde aujourd'hui est si bien d'accord sur ce point, qu'il serait malséant d'insister.

Ces dangers de l'expertise d'écriture proviennent assurément de la science trop problématique et incertaine qui lui sert de base, et de l'impossibilité dans la plupart des cas d'en tirer quelque chose de profitable. Mais plutôt que de décrier leur art, c'est toujours sur l'ignorance des experts employés, que les spécialistes en écriture ont fait retomber la responsabilité des erreurs que ce mode de preuve a toujours engendrées.

C'est ce que faisait Raveneau, maître écrivain juré de Paris. « Les qualités de Maîtres écrivains, Greffiers et notaires ne donnent pas avec elles l'expérience et la capacité pour faire ces vérifications..... il y a bien de la différence entre enseigner à écrire, expédier un arrêt ou une sentence, faire des contrats et autres actes de Notaires et entre la science de découvrir nettement des imitations et des enlèvements d'écritures, rétablissement de papier et autres espéces de faussetés [1]. »

[1] P. 8, *Traité des inscriptions en faux, et recônnaissances d'écritures et signatures,* par comparaison et autrement, par Jacques Raveneau, Maître écrivain juré à Paris, employé au

Maîtres écrivains jurés, greffiers, notaires, voilà
les personnages auxquels dans tout l'ancien droit
nous rencontrons confiées les fonctions d'expert ;
l'observation de Raveneau est d'ailleurs exacte, et
même aujourd'hui il semble que les experts en écriture ont des rapports moins immédiats avec la
science qui leur sert de base, que, par exemple, les
experts médicaux qui, chaque jour, exercent la médecine ou la chirurgie.

Ces fonctions d'experts en écriture appartenaient-
elles exclusivement aux personnes que Raveneau
vient de nous indiquer? Pour la période antérieure
à l'ordonnance de 1670, Raveneau nous renseigne.
« Aussi le Parlement a si bien reconnu qu'il fallait
que cette expérience fût attachée à la personne pour
lui donner la qualité d'expert en ces matières, sans
qu'il fût besoin d'autre titre ni approbation ni établissement de maîtrise pour le faire estimer tel, que
par son arrêt du 7 septembre 1613, rendu en la cin-
quième Chambre des enquêtes, au rapport du sage
et savant sénateur, M. Pétau, a entre autres choses
ordonné : « Que pour les vérifications d'écritures et
signatures, pourront à l'avenir être pris et nommés,
soit par le juge, soit par les parties, tant les greffiers, leurs clercs, commis, notaires, qu'écrivains et
autres personnes capables. » Donc, par ce dispositif

Parlement et en toutes autres juridictions, pour la vérification des écritures et des signatures. Paris, 1666.

d'arrêt, on reconnaît assez comme personne n'a aucun droit, ni titre particulier, pour se pouvoir arroger, d'assister et être employé aux vérifications des écritures et signatures ou donner avis sur icelles, sinon ce que sa seule capacité ou expérience lui peut avoir acquis en ces matières, et dont il aura fait preuve en plusieurs rencontres [1] ».

Ainsi, avant 1670, les parties et le juge sont libres de choisir qui bon leur semble.

Pourtant, dans un rapport daté de 1664, Raveneau fait suivre son nom de la mention suivante « étant au nombre des 24 anciens maîtres écrivains jurés de cette ville de Paris, préposés pour la vérification des écritures et signatures contestées en justice [2]. »

A Paris, il existait donc une liste dressée probablement par les Maîtres écrivains jurés eux-mêmes, mais le juge et les parties étaient libres de choisir en dehors de cette liste.

La fin de l'arrêt cité par Raveneau « et autres personnes capables » nous rappelle l'ordonnance d'août 1536 pour la Bretagne, dans son chapitre 2, article 6 : « Il sera fait visitation des excès, battures et navrures, par barbiers, chirurgiens et gens expérimentés. »

A l'origine, le choix des experts n'était limité par aucun titre ni maîtrise ni, à plus forte raison, par des offices.

[1] P. 9.
[2] P. 176.

L'ordonnance de 1670, tout en favorisant certains experts privilégiés, admet un choix fait en dehors d'eux, mais elle exige certaines conditions de science constatées par des titres ou des maîtrises.

Le système des offices apparaîtra plus tard.

L'ordonnance de 1670 [1] indique comme experts en écriture les Maîtres écrivains jurés, mais ne limite pas expressément à eux ce droit, bien que, comme nous l'indique de Blegny [2], ils eussent seuls obtenu des lettres patentes du Roi.

Si l'expertise en écriture était, dès Raveneau, en 1666, considérée comme tellement dangereuse que les experts eux-mêmes en convenaient, il eût dû, par suite, se rencontrer, dans les ordonnances, et dans la procédure usitée, tout un ensemble de mesures destinées à protéger l'accusé contre les conséquences de cet art périlleux.

Au contraire, jamais procédure ne fut plus insoucieuse du droit qu'a tout accusé de se défendre et de connaître les charges qui pèsent sur lui.

[1] Article 9, titre VIII. La vérification sera faite sur les pièces de comparaison, par experts et maîtres écrivains commis d'office par le juge.

[2] P. 5. *Traité contenant la matière de procéder à toutes vérifications d'écritures contestées en justice*, par De Blegny, juré, expert écrivain, établi et ordinairement employé pour la vérification des écritures contestées. Paris, 1698.

Raveneau s'était attaché à poser les règles de son art, De Blegny, sous prétexte qu'exposer ces règles serait dangereux, se contente de traiter très complètement d'ailleurs la procédure d'expertise en écriture.

Un passage intéressant de Raveneau va nous édifier à cet égard. «On pratique, depuis quelques années, une formalité très avantageuse pour l'une et l'autre des parties, pour parvenir à bien faire une vérification, et que j'estime n'être pas encore sçeu en toutes les juridictions. Personne n'ignore que le crime de faux ne soit un crime capital, et comme tel, qu'on ne procède contre ses auteurs extraordinairement ; c'est à savoir par information, recolements et confrontation d'experts et autres témoins, etc.

« Lorsque j'ai commencé d'être employé dans les vérifications, et même longtemps depuis, la pratique ordinaire était qu'après que la partie inscrivant en faux avait donné ses moyens de faux contre la pièce dont il était question, qu'ils étaient, par sentence ou arrêt, déclarés pertinents et admissibles, et ordonné qu'il en serait informé. Cette partie faisant son information, il était en sa liberté de faire ouïr tels experts et en tel nombre que bon lui semblait. Comme aussi pour faire par eux la vérification de la pièce maintenue fausse par comparaison, la même partie produisait telles pièces de comparaison et en tel nombre qu'elle voulait ; mais voici ce qui arrivait quelquefois.

« Quand on venait au recolement et confrontation des experts, il était aussi en la liberté de la partie accusée de débattre les pièces données par la partie sur lesquelles la comparaison avait été faite, et même

de reprocher les experts ; de façon que, quelquefois,
il se trouvait des nullités si grandes dans les pièces
données pour comparaison, et des reproches si con-
.sidérables contre les experts produits, qu'il fallait
tout recommencer, procéder à une nouvelle nomination d'experts et sur d'autres pièces de comparaison ; quelquefois aussi on passait outre et on jugeait
le procès, eu égard aux reproches des experts et aux
nullités des pièces, sans recommencer. Messieurs des
requêtes du Palais... ont été de ceux qui ont changé
les premiers cet ordre, ou plutôt ce désordre, car,
au lieu de donner la liberté à la partie inscrivante
en faux, de produire seule des pièces de comparaison et des experts, ils veulent à présent que la partie soit appelée pour convenir particulièrement de
pièces de comparaison et d'experts, conjointement
avec la partie inscrivante en faux et à faute d'en convenir, les pièces de comparaison de la partie inscrivante en faux sont reçues avec connaissance de
cause, et les experts sont nommés d'office par la
Cour ; de cette façon, les chicaneurs ne sauraient
trouver matière de contestation, ni lieu de nullité en
la procédure après qu'une information est faite et
décrétée. Je crois que la première fois que cet ordre
a été pratiqué, ce fut dans une affaire de faux où je
fus nommé et convenu d'office par la Cour du consentement des deux parties, il y a quelques années...»

Combien nous semble dure pour l'accusé cette

procédure qui laisse à la partie poursuivante le choix des experts et des pièces de comparaison. Combien apparaît mieux encore la prévention contre lui, lorsque des changements, constituant un incontestable · progrès, sont introduits non comme un perfectionnement apporté à la justice, mais comme un moyen d'enlever à tout accusé chicaneur matière à contestation et à nullité de procédure.

La chicane de la part de l'accusé, c'est le sempiternel argument des partisans de la procédure inquisitoire, c'est en l'invoquant qu'en 1670 furent refusés à l'accusé le droit à un conseil et celui de prendre communication de la procédure.

Rien ne justifie mieux l'appréciation de M. Esmein sur l'ordonnance de 1539, alors en vigueur.

« Ainsi, toutes les garanties de la défense disparaissent peu à peu. La procédure était devenue absolument secrète, non seulement en ce sens que tout se passait loin des yeux du public, mais en ce sens aussi qu'aucune communication n'était faite à l'accusé [1]. »

Rien ne montre mieux le bien fondé de toutes ces plaintes éloquentes qui, à cette époque, s'élevèrent contre la dureté du droit, en faveur de l'accusé, et qui, pendant un siècle, ont retenti en vain.

Avant l'ordonnance de 1670, les experts pouvaient

[1] P. 153. Esmein, *Histoire de la procédure criminelle en France.*

être au moins dans le faux incident, choisis par les
parties ; après, ils sont toujours nommés d'office par
le juge. L'expert en écriture perd de plus en plus ce
caractère vague propre à l'expert criminel, moitié
juge, moitié témoin ; il se rapproche de plus en plus
de ce dernier. Il est toujours nommé d'office parce
que, même débutant sous la forme du faux incident
civil, l'affaire peut prendre le caractère criminel, et
parce qu'alors, « dans l'information, les experts seront entendus comme témoins, et qu'en ce cas, il
serait contre les règles que les experts se trouvassent
avoir été produits et nommés par les parties contre
lequels ils déposeraient et auxquels même ils seraient dans la suite confrontés. »

Aussi, si au civil il peut y avoir encore un véritable expert en écriture, au criminel, même sous
l'ordonnance de 1670, il n'y a plus qu'un témoin.
Cette opinion peut sembler paradoxale quand on
examine l'ordonnance de 1670, ce n'est pourtant
que l'exacte vérité, facile à établir.

L'ordonnance de 1670 comprend à la fois le faux
incident et le faux principal. Elle s'applique surtout
au faux incident civil. Voyons, en effet, le procès-
verbal de la discussion du Titre IX, intitulé : Du
crime de faux tant principal qu'incident. « M. le premier président a dit que les termes de ce titre faisaient quelque peine en ce qu'il parle du crime du
faux principal ; que pour l'ordinaire l'instruction

Genesteix5

criminelle qui se fait pour les faussetés n'est qu'incidente, et qu'on ne déclare point une pièce fausse qu'elle n'ait été produite, et c'est ce que nous appelons une inscription en faux. Qu'il y avait seulement à observer que quand une pièce est produite dans un procès civil, la partie qui la prétend fausse ne peut changer de juge ; qu'il fallait qu'elle formât par devant lui une inscription en faux par incident, et qu'il ne lui était pas permis de quitter le procès civil pour porter une accusation de faux par devant un autre juge, qu'on avait quelquefois tenté cette procédure, mais qu'elle devait toujours être rejetée comme dangereuse et préjudiciable à la justice [1]. »

La procédure reste donc civile tant que la fausseté de la pièce n'est pas prouvée :

Ainsi, prenons le faux incident.

Dans une affaire civile, une partie produit une pièce que l'autre prétend fausse ou falsifiée. La procédure du faux incident civil s'engage, ayant pour but à l'origine de prouver seulement la fausseté de la pièce sans accuser de faux celui qui l'a produite.

Un jugement intervient sur les moyens de faux, les déclare pertinents et admissibles, et ordonne une expertise. Les experts sont nommés d'office par le juge. Ils prêtent serment, déposent leur rapport. Le

---

[1] *Procès-verbal des conférences* tenues pour l'examen de l'ordonnance de 1670, p. 100.

procureur du roi, auquel il est communiqué, prendra alors telles conclusions qu'il voudra.

Jusque-là, c'est une instance civile. Il y a un demandeur en faux, un défendeur en faux, une pièce arguée de faux. Nous sommes, à n'en pas douter, en présence d'une procédure civile, bien que contenue dans l'ordonnance criminelle. Aussi, le défendeur doit être tenu par le demandeur au courant de la procédure comme dans un procès civil, il est assigné par lui pour assister à la prestation de serment des experts, et les récuser s'il y a lieu. Il est si bien défendeur au civil, qu'il est admis par la jurisprudence à proposer ses pièces de comparaison, ce qui au criminel lui serait interdit comme fait justificatif ne devant être proposé qu'une fois l'information terminée.

L'expert, de son côté, a bien son véritable caractère, il est récusable, il fait un rapport. C'est une procédure civile avec un véritable expert et un défendeur.

Que le Procureur du roi, sur le vu du rapport de l'expert concluant au faux, dépose des conclusions pour être ouï ou déclaré d'ajournement personnel.

Tout se transforme : L'expert devient témoin. Article 16. « S'il y a charge, les juges pourront décréter et ordonner que les experts seront répétés séparément en leur rapport, recolés et confrontés ainsi que les autres témoins. »

Le défendeur devient un accusé : rien ne lui est plus communiqué, il n'est plus admis à fournir des pièces de comparaison.

La procédure criminelle a succédé à la procédure civile.

Le titre VIII de l'Ordonnance de 1670 est tout entier criminel. Le titre IX est jusqu'à l'article 5 consacré au faux principal, mais depuis l'article 6 il se rapporte au faux incident qui, nous l'avons vu, soulevé au civil, y reste jusqu'à ce que la fausseté de la pièce ait été établie : c'est seulement dans cette seconde partie qu'il est parlé de rapport et de récusation et l'article 15 enlève tout doute qui pourrait subsister sur le caractère civil de ce rapport « et leur rapport sera délivré au juge selon qu'il est prescrit par l'article 13 du titre des descentes sur les lieux dans notre ordonnance du mois d'avril 1667 ».

Aussi avions-nous raison de dire que dès l'ordonnance de 1670 l'expert d'écriture est au criminel transformé en témoin et que les quelques dispositions qui semblent le rapprocher de l'expert du titre V s'appliquent à l'expertise civile.

Il est si vrai que l'expertise d'écriture en matière de faux incident débutait sous la forme civile que nous avons déjà cité un passage de de Blegny, conseillant de prendre toujours deux experts dès le début pour que leur rapport puisse être valable ensuite au criminel.

Ce rôle de témoin s'accentue avec l'ordonnance de 1737 qui condense la procédure, et fait commencer la procédure criminelle au jugement qui admet les moyens de faux, faisant intervenir dès ce moment le Procureur du roi. Dans cette ordonnance, plus de rapports, ils sont interdits en termes formels : l'expert n'est plus récusable, il est reprochable. Cette ordonnance semble revenir aux idées d'une époque antérieure dans laquelle, d'après de Blegny, « toute pièce qui était arguée de faux étant regardée comme fausse, on instrumentait contre celui qui la produisait ainsi que l'on faisait en matière criminelle, c'est-à-dire en informant, et en entendant d'abord les experts vérificateurs en leurs sentiments comme l'on fait des témoins »[1].

Si nous prenons maintenant la procédure du faux principal, la véritable procédure criminelle en cette matière, et, qui dès le début a pour fin de prouver que l'accusé est l'auteur du faux, elle est dès 1670 telle que nous pouvions l'imaginer.

« Le défendeur qui dès le commencement de l'action est qualifié d'accusé, n'est pas reçu à la preuve d'aucun fait, ni admis à fournir des pièces de comparaison, et n'est même pas appelé à la prestation de serment des experts contre lesquels il ne peut rien dire ni proposer sinon lors de la confrontation qui dans la suite lui en sera faite. »

[1] De Blegny, p. 137.

Mais cette confrontation n'était-elle pas une ressource illusoire pour l'accusé? Comment aurait-il pu
à ce moment combattre le rapport de l'expert après
la simple lecture qui lui en était faite; comment
aurait-il pu proposer immédiatement des reproches
contre l'expert sur lequel il n'avait pas eu le temps
de se renseigner, ignorant d'ailleurs peut-être, en
l'absence d'un conseil, en quoi consistaient ces reproches?

Aussi ces confrontations n'étaient-elles le plus souvent que des scènes de désespoir ou d'insultes. Elles
déplaisaient fort à de Blegny. « Les experts se trouvent obligés de souffrir qu'ils soient confrontés à des
faussaires qui, l'étant souvent de profession, n'ont,
plus que jamais, d'autre meilleure défense en bouche,
que celle de les insulter par des injures et des dis-
cours toujours faux et calomnieux, que des hommes
innocents n'écoutent pas volontiers, leur reprochant
contre toute vérité « qu'ils sont malicieux ou igno-
rans, ou qu'ils ont été achetés par or ou par argent »,
etc., etc.

Ces confrontations pouvaient être utiles : le juge
demandait des explications aux experts, et s'il n'était
pas satisfait, il pouvait de son propre mouvement ou
sur la demande de l'accusé ordonner une contre-
expertise.

L'ordonnance de 1737, sans modifier beaucoup la
procédure employée, fut beaucoup plus douce pour

l'accusé ; refusant toute valeur comme pièces de comparaison aux écritures privées non reconnues par l'accusé, donnant aux experts une situation bien moins prépondérante dans la procédure, permettant expressément à l'accusé de fournir des pièces de comparaison avec le consentement du procureur du roi et de la partie poursuivante, enfin consacrant expressément le droit de l'accusé de demander une contre-expertise comme fait justificatif.

De cette courte étude, il résulte que l'expertise d'écriture avait un caractère propre qui apparaît d'autant plus nettement qu'on examine avec plus de soin les dispositions qui la concernent. On voit combien il serait dangereux de vouloir tirer de son étude des règles générales applicables à l'expertise criminelle, d'autant plus que l'article 8 du titre XIV de l'ordonnance de 1670 permettait l'assistance d'un conseil dans « les crimes de fausseté de pièces ». Nous allons voir maintenant avec l'expertise médicale du titre V une institution bien différente, dans laquelle le rôle des experts et la situation de l'accusé sont tout autres.

CHAPITRE II. — **Expertise médicale. — Expertise par rapport.**

1° Son histoire dans l'ancien droit.

L'utilité de l'expertise médicale avait été vite reconnue, surtout en présence des nécessités qu'imposait la théorie du corps de délit[1]. A l'origine, il était nécessaire que la plaie ou le cadavre fussent vus en justice, et ce dut être tout naturellement que l'on songea à les faire inspecter par un homme de l'art venant suppléer le juge.

L'introduction de l'expertise réalisait un progrès profitable à tous, à l'accusateur ou à la partie plaignante, auquel elle facilitait la preuve, au juge qu'elle déchargeait d'une besogne un peu étrangère à sa fonction normale, à l'accusé qui pouvait trouver une protection contre l'erreur dans les lumières de l'homme de l'art. Aussi, ce ne fut pas de ce côté qu'elle rencontra des difficultés, elles furent plutôt causées par les rivalités qui existaient entre les médecins et les chirurgiens.

Actuellement, la médecine et la chirurgie sont considérées comme les deux branches d'une même science ; la seconde n'est que l'art au service de la première, la médecine opératoire pour mieux dire.

---

[1] Notamment dans le droit canonique.

Dans l'ancienne France, au contraire, la médecine était une science, la chirurgie un métier ; et la première essayait, par tous les moyens possibles, d'arrêter les progrès de l'autre ou de la discréditer.

La médecine était depuis longtemps organisée [1], son exercice était subordonné à des examens, et par l'ordonnance de Blois au titre de docteur [2].

Dès une époque lointaine, par conséquent, le médecin, par le fait seul qu'il avait été jugé capable d'exercer, méritait une confiance suffisante pour justifier son choix comme expert.

La chirurgie était, depuis les invasions, restée inappliquée entre les mains des moines et des clercs. L'Eglise défendait l'effusion du sang, et les préjugés religieux faisaient considérer les opérations anatomiques comme une profanation du corps humain.

Ce dernier préjugé qui, en somme, existe encore de nos jours sans trouver l'appui que l'Eglise a toujours prêté contre la science, était tel à cette époque

---

[1] Dès 1331, le roi Philippe approuve une coutume que ses amis, le doyen et les maîtres de la Faculté de médecine à Paris « lui dient estre gardée de si longtemps, qu'il n'est coutume du contraire en leur dite faculté ». C'est l'obligation pour l'étudiant de passer 56 mois ou 6 ans à la Faculté, et d'avoir les quatre cours avant d'être présenté au Chancelier de l'Eglise par le Maître régent, afin de passer un examen qui lui conférera le titre de licencié, sans lequel il ne pourrait exercer dans l'intérieur du royaume.

[2] 1er mai 1579, art. 87. — Toutes ces ordonnances se trouvent dans le *Recueil* d'Isambert ou sont citées par Prévot.

que, pour se procurer des cadavres, les chirurgiens
les plus illustres et les mieux en cour étaient obligés
de recourir aux procédés les plus discutables et, à
cette époque, les plus dangereux.

Au xvie siècle, Vésale, le père ou le régénérateur
de l'anatomie, allait, dit-on, la nuit déterrer les cadavres dans les cimetières ou à Montfaucon décro-
cher des suppliciés. Passé en Espagne, à la cour de
Madrid, l'Inquisition le condamnait à mort, malgré
sa grande réputation et son crédit, pour avoir disséqué un gentilhomme que l'on prétendit n'être qu'en
léthargie. La peine ne fut d'ailleurs pas exécutée.

Quand les opérations anatomiques furent permises,
elles ne purent se faire que sous la surveillance de
la faculté de médecine, et les cadavres ne purent être
délivrés par le lieutenant criminel du Châtelet que
du consentement du doyen de la faculté de médecine, auquel une requête devait être présentée:

Pour avoir méprisé ces règles, de Blegny, chirurgien du Corps de M. le duc d'Orléans, fut ainsi que
les sieurs Pajot et Desnoues qui lui avaient procuré
des cadavres déterrés, d'abord banni à perpétuité,
puis par arrêt du 12 juillet 1683 simplement condamné à 50 livres d'amende.

L'autorité était d'ailleurs assez avare de cadavres.
Des lettres de Charles VI, mai 1396, enjoignent aux
officiers de Montpellier de donner une fois l'an, à la
faculté de médecine, le cadavre d'un condamné au

dernier supplice pour faire des démonstrations d'anatomie.

Comme cette injonction a pour but de confirmer une vieille coutume[1] à laquelle on apportait certains obstacles, rien ne saurait mieux montrer les difficultés que rencontraient alors, même dans la partie du pays la plus accueillante pour la science, les opérations anatomiques et l'autopsie.

Or l'autopsie ne caractérise-t-elle pas la véritable expertise médicale ? œuvre du seul praticien, tandis que chacun peut voir les manifestations extérieures d'une blessure ou d'une maladie et peut être tenté, malgré son ignorance, d'en tirer par lui-même les conséquences. N'est-elle pas dans bien des cas le moyen unique d'action, tandis que dans les autres, elle permettra de contrôler le diagnostic né de l'examen extérieur. N'est-ce pas grâce à elle, que le savant peut aller chercher dans les organes les plus cachés, le secret de la mort, l'agent de destruction? Y mettre obstacle c'était empêcher tout progrès de la chirurgie, entraver même les opérations de l'expertise.

L'autopsie permise, les opérations anatomiques, l'étude des cadavres ne furent guère facilitées, nous n'en prendrons comme preuve que le passage suivant du *Tableau de Paris*, ouvrage édité en 1788.

« Il faut des cadavres aux jeunes chirurgiens ; mais

[1] Desmazes (*Histoire de la médecine légale*), dit qu'elle remontait à 1374.

comme un cadavre coûte un louis d'or, ils les volent : ils se mettront quatre, prendront un fiacre, escaladront un cimetière. L'un combat le chien qui garde les morts, l'autre avec une échelle descend dans la fosse ; le troisième est à cheval sur le mur, jette le cadavre ; le quatrième le ramasse et le met dans le fiacre. Celui qui comptait reposer en paix dans sa bière est arraché de sa sépulture : c'est la passion de l'anatomie qui le transporte dans un grenier. Là il est disséqué par des mains d'apprentis. Et pour cacher ces dépouilles à l'œil des voisins, ces jeunes anatomistes brûlent les ossements. Ils se chauffent pendant l'hiver avec la graisse du mort...

« Comment n'a-t-on pas songé à donner des cadavres à ces étudiants, à leur assigner un lieu séparé, à les préserver du double péril d'affronter les lois civiles et l'exhalaison des cadavres pris au hasard[1]. »

Placer les opérations anatomiques sous la surveillance de la Faculté de Médecine, était d'ailleurs le meilleur moyen de les empêcher de donner un résultat profitable, tant était grande la rivalité entre les médecins et les chirurgiens.

Rivalité fort lointaine d'ailleurs : L'Université de Paris, où la médecine était à l'origine exercée par des clercs, était parvenue à bannir la chirurgie de son sein et à en empêcher l'exercice dans son ressort : de ce

[1] Tome IX, p. 196.

jour, exista l'antagonisme entre la médecine divina-
toire comme l'appelaient par raillerie les chirurgiens,
et la médecine opératoire. Jean Pitard, chirurgien de
Saint-Louis, eut bien un talent capable de redonner
à la chirurgie quelque éclat scientifique et un crédit
suffisant pour inspirer à Saint-Louis la création du
collège Saint-Côme et l'approbation des statuts des
Maîtres chirurgiens jurés de Paris : mais dans la pratique, la chirurgie n'en resta pas moins un art inférieur exercé concurremment avec les barbiers et
même les étuvistes.

Voici d'ailleurs comment Henri IV, dans sa déclaration d'octobre 1592, définit l'état de Maître chirurgien :

« Voulant entretenir en son entier, l'état de maître barbier et chirurgien, qui s'étend non seulement
sur le fait de la barbe et des cheveux, mais à la chirurgie en théorie et pratique, anatomie du corps humain, et de panser et médicamenter apostumes,
playes, ulcères, fractures, dislocations, connaissance
des simples, composition de médicaments, et autres
choses concernant la santé du corps humain. » L'article 6, chapitre 2 de l'ordonnance d'août 1536 pour
la Bretagne porte : « Qu'il sera fait visitation des
excès battures et navrures par barbiers, chirurgiens
et gens expérimentés. » Ce voisinage dégradant montre à quel niveau social inférieur la chirurgie était
tombée. Il pouvait ne pas plaire aux chirurgiens, il
leur fut difficile de s'en débarrasser ; Charles V pour

des raisons financières avait donné des statuts à la communauté des barbiers de Paris, et confié leur garde à son premier valet de chambre (décembre 1371). C'était leurs privilèges qui avaient été perdus, soit le droit de faire des saignées qu'il leur rendait ainsi d'après Charles VI [1]. Et malgré les réclamations des chirurgiens, Charles V [2] leur maintint le droit de panser les plaies qui n'étaient pas mortelles.

Si l'on s'en tient aux termes des ordonnances, les barbiers n'avaient le droit que de pratiquer les opérations chirurgicales inférieures ; mais comme leur ministère coûtait moins cher (c'était précisément le but invoqué pour leur accorder leurs privilèges) et que le vulgaire a toujours préféré le charlatan à l'homme de science, ils faisaient aux chirurgiens une concurrence mortelle, et jetaient sur leur art un discrédit que rien ne fera mieux apparaître qu'un arrêt du 7 février 1660.

Cet arrêt, suscité par la vieille jalousie des médecins, déclare que les deux communautés des chirurgiens et des barbiers unies, seraient désormais soumises à la Faculté de médecine et « fait défense aux dits chirurgiens-barbiers, de prendre la qualité de bacheliers, licenciés, docteurs et collèges, mais seulement celle d'aspirants, maîtres et communauté. »

C'était, et cela grâce à l'assimilation, à l'union des

[1] Ordonnance, 1383.
[2] Ordonnance, octobre 1372.

chirurgiens aux barbiers, proclamer que la chirurgie était l'exercice d'un métier, et c'était ainsi permettre sa subordination à la science médicale.

Cette notion se retrouve appliquée dans les ordonnances de cette époque. Dès à présent, elle nous explique que l'organisation, les conditions d'exercice ne soient pas les mêmes.

L'ordonnance de Blois, article 87, subordonnait, avons-nous dit, l'exercice de la médecine au titre de docteur qui ne pouvait s'acquérir qu'après certains examens. « Nul ne pourra pratiquer en médecine qu'il ne soit docteur en la dite faculté. »

La suite du même article réglait les conditions d'exercice de la chirurgie : « ..... Et nul ne sera passé aucun maître chirurgien ou apothicaire, es villes où il y aura université, que les docteurs, régens en médecine n'ayent été présents aux actes et examens, et ne l'ayent approuvé. »

Pour exercer la chirurgie, il fallait donc être admis maître chirurgien, après un examen passé sous le contrôle de la Faculté de médecine ; il fallait aussi justifier d'un temps d'apprentissage.

Avant l'ordonnance de 1670 il y avait à Paris, d'une part, des chirurgiens experts au Châtelet, comme d'ailleurs des médecins et des sages-femmes ; de l'autre, la communauté des Maîtres Chirurgiens jurés de Paris.

Le système d'experts attachés à une juridiction

semble d'ailleurs ancien. Dans le Registre criminel de Saint-Martin-des-Champs nous voyons des rapports toujours présentés par le même expert : « Notre mire juré..... Le mire juré de toute la terre de Saint Martin des Champs. » En cas d'empêchement, il est remplacé par un autre expert, et mention est faite de ce remplacement[1]. Plus tard, il a un substitut ou lieutenant ; il le présente et lui confère ses pouvoirs[2]. Ce substitut est d'ailleurs appelé en même temps que « lieutenant des fiées de mestre Pierre de Largentière nostre mire juré[3] » « mire juré du roi, notre sire ». Emmeline la Duchesse est aussi « matronne et jurée du Roy et la nôtre ».

Il semble donc qu'à chaque juridiction criminelle étaient attachés des experts quelquefois munis d'offices. Pour le Châtelet, l'existence de l'office de chi-

---

[1] *Reg. crim.*, p. 18, 31 juillet 1332. Vendredi. Rapporté par mestre Henri Tristan, sururgien, institué et députe en leu de mestre Jehan de Vailli, nostre mire juré, etc.

[2] Fu présenté par devers nous, maître Pierre de Largentière, mire juré de toute la terre de Saint Martin des Champs, lequel institua et établi pour lui et en son nom, pour raporter les perilz des blessures et navreures faites en la dite terre, mestre Pierre d'Orliens auquel il donna plein pouvoir, aussi comme lui-même a, et avoue les rapports faits par le dit mestre Pierre, et veult qui soient faits à son perilz. Et se aucun autre mire s'entremet de rapporter perilgs en la dite terre, il ne l'avoue de rien. Et donna liscence et povoir au dit mestre Pierre, que au cas où il ne pourrait exercer le dit office, qu'il puisse faire un substitut. (P. 168.)

[3] P. 173.

rurgien-expert résulte, pour les premiers temps de
son histoire, plutôt des ordonnances [1] que du registre criminel du Châtelet (6 septembre 1389, 18 mai
1392) peu abondant sur notre sujet. D'après Desmazes dans ses études sur le Châtelet, le 5 octobre 1577
l'office de chirurgien juré au Châtelet aurait été
supprimé. Ce n'aurait été, nous le verrons, que pour
être rétabli, car les chirurgiens étaient pourvus d'offices au Châtelet lors de la discussion de l'ordonnance de 1670. De plus, en août 1674, un certain
nombre d'officiers au Châtelet sont créés, parmi lesquels un chirurgien et deux sages-femmes. Desmazes
nous indique aussi qu'en 1775, il y avait comme experts au Châtelet :

Deux médecins ;

Quatre chirurgiens ;

Quatre matrones, sages-femmes.

En somme, il semble qu'il y eut toujours des experts jurés attachés en titre au Châtelet ; mais avaient-
ils un privilège ou un monopole ? Voilà toute la
question. Un expert pouvait-il être choisi en dehors
d'eux ?

La lutte sur ce point fut continuelle : elle mettait
aux prises deux intérêts, celui des chirurgiens jurés
au Châtelet et celui des maîtres chirurgiens jurés de
la Communauté de Paris. Il en était de même pour
les médecins.

[1] Novembre 1311.

Un intéressant arrêt de Peleus, pose la question, et les arguments de part et d'autre.

« Qu'autres médecins et chirurgiens que les jurés du Châtelet peuvent faire rapports et visitation en justice et appréciation des salaires et médicaments.

« Le Lieutenant civil et le Lieutenant criminel de cette ville de Paris, donnent deux sentences par lesquelles ils ordonnent que la visitation et rapport des malades prisonniers ou non, prisée et estimation des salaires et vacations et de médicaments, appartiendra privativement au médecin et aux deux chirurgiens jurés du Châtelet de Paris, quand il y aura instance pendante au Châtelet, et font défense à tous les suppôts et ministres de la justice du dit lieu de contrevenir à ce règlement, duquel le corps de la médecine et des barbiers-chirurgiens se portent pour appelans en la Cour, et par leurs moyens disent, que ce prétendu règlement n'aurait point été donné avec eux qui étaient en une possession et jouissance contraire : qu'il n'était pas possible, que trois personnes pussent suffire à tant de rapports et de visitations et appréciations en une si grande ville ; que c'était ôter la liberté et la commodité du peuple auquel on doit laisser la discrétion de choisir telles personnes que bon lui semble, en telles affaires, et que depuis quinze jours, la Cour aurait repoussé un accord fait entre les chirurgiens par lequel il était dit qu'il n'y aurait qu'eux d'appelés aux malades, comme étant, cette convention, un vrai monopole contraire à l'utilité publique.

« Davantage que l'institution des jurés ne contenait point ce privilège si grand et si spécial, que les autres ne pussent être admis à cette charge quand il semblerait bon au peuple. Que de ces monopoles, il s'en pourrait en suivre de grandes corruptions et inconvénients auxquels la Cour, par sa prudence, devait pourvoir, comme de naguère un prisonnier pour 30 ou 40 mille écus, ayant gagné ces jurés-là, aurait présenté requête et donné à entendre qu'il était malade et en danger de mourir s'il ne changeait d'air, ce qu'ayant rapporté les jurés, il fut élargi et depuis, il se serait absenté, et ruiné entièrement les créanciers.

« Que l'arrêt donné en l'an 1513 au profit des Jurés contre un nommé Bourlon ne pouvait de rien servir d'autant que ledit Bourlon voulait être juré, ce qui lui est défendu par l'arrêt, et permis seulement de faire des rapports énonciatifs, d'où s'ensuit que les jurés ne peuvent pas tout seuls prendre ce droit-là.

« Au contraire disaient les intimés, que cet appel était suscité principalement par les Barbiers Chirurgiens, pour ce que les Médecins ne font pas de rapports, et ont juré, en prenant le bonnet, qu'ils ne feraient aucun acte de chirurgie comme indigne de leur faculté maîtresse et « architectonique » de sorte qu'ils ne seraient entrés en cause qu'à la suscitation

desdits barbiers, afin de rendre leur cause plus re-
commandable, après avoir été refusés de pareille
intervention par le corps des Chirurgiens et des Apothicaires qui ont trouvé le règlement raisonnable,
ce qui devait fermer la bouche aux appelans. Mais,
outre cela, disaient qu'on n'aurait eu que faire d'appeler les Médecins pour donner ce jugement, d'autant que ce n'était pas un règlement nouveau, mais
l'exécution d'un ancien observé de temps immémo-
rial comme il appert par un arrêt de 1511 donné au
profit des Jurés du Châtelet contre Bourlon, et un
autre de l'an 1547 donné au profit d'un appelé Gyp-
son. Que les appelans ne sauraient justifier avoir
jamais joui de ce droit, sinon par usurpation, et que
ces trois jurés n'ont point tant de rapports et de visitations à faire qu'ils ne les puissent facilement expédier en chose pendante au Châtelet, et que ce n'était
point ôter la liberté au peuple d'ordonner que ceux
qui ont serment particulier à justice feront rapports
et visitation en choses qui dépendent de la justice,
étant à présumer que ceux qu'on aura choisi à telle
charge pour leur prud'hommie et suffisance s'acquit-
teront beaucoup mieux que ceux que les parties
pourraient choisir du vulgaire des Médecins et Chirurgiens.

« Qu'il y avait bien de la différence d'ordonner certains experts et jurés par la justice, que les Chirurgiens s'accordassent entre eux, qu'il n'y aurait

qu'eux appelés aux malades ; car, en l'un il y a de
l'ordre, et en l'autre du monopole que la Cour a
voulu retrancher ; qu'il ne fallait point, par des inconvénients imaginaires et fantastiques, renverser un
ordre bien établi, et qu'en la société des hommes, il
n'y aurait rien de si ferme et constant, où ne se
glisse quelque corruption, tout ainsi que les Physi-
ciens disent qu'il ne se trouve point au Monde d'Elé-
ments, en leur simplicité naturelle, qu'ils n'ayent
quelque chose des qualités externes meslé parmy.
Qu'il faut ôter la corruption quand elle se présente,
et non pas changer un ordre ancien et observé de
toute antiquité : joint que les mêmes corruptions
peuvent aussi ou plus advenir de la part des autres
visiteurs que des jurés. Finalement que par ledit
arrêt, Bourlon ne prétendait point d'être juré, mais
jouir de ce qui appartient aux jurés par le règlement
ancien.

« La Cour, par arrêt du 16 de janvier 1603, dit qu'il
avait été mal jugé et ordonné par le Prévôt de Paris
pour faire le règlement, qu'elle en délibérerait au Conseil, cependant ordonne que les arrêts mentionnés
seraient observés : (Actions Forenses, Livre 4, Action
32. — Peleus.) »

La question devait au criminel intéresser plutôt
les plaignants qui désiraient se faire visiter, que les
accusés qui eux ne pouvaient jamais, tout au moins
quand l'expertise devait porter sur le corps du délit,

choisir les experts, et devaient s'adresser au juge qui commettait toujours un expert juré du Châtelet.

En 1728, c'est-à-dire après la suppression par l'édit de septembre 1723 des Offices créés par l'édit de février 1692, sous l'influence duquel il semble en avoir été autrement, le Parlement, par un arrêt du 20 mars, consacre la même jurisprudence. « Arrêt du Parlement au profit de Me Louis de Santeuil, Docteur de la Faculté de Médecine de Paris et de la dite Faculté intervenante, qui infirme une Sentence du Lieutenant Criminel du Châtelet de Paris, du 22 juillet 1721, obtenue par les Médecins et les Chirurgiens du Châtelet, par lequel Arrêt les Docteurs en Médecine de la Faculté de Paris et les Maîtres Chirurgiens de Paris sont maintenus dans leur droit et possession de faire à la réquisition des parties, les visites et rapports des personnes blessées ou décédées, avec défense au Lieutenant Criminel de rendre aucune Ordonnance en forme de Règlement [1]. »

A côté des chirurgiens experts du Châtelet, étaient les Maîtres Chirurgiens Jurés de Paris, communauté de chirurgiens pratiquant à Paris. Ils avaient reçu des lettres patentes confirmées à chaque changement du roi. Ils s'appelaient jurés, parce qu'ils allaient au Châtelet prêter serment devant le Prévôt de Paris. Une ordonnance de novembre 1311 nous indique en effet,

[1] Prévot, p. 179.

que pour exercer la chirurgie à Paris, il fallait, après
avoir été examiné, prêter serment en présence des
Maîtres Chirurgiens de Paris convoqués par le Chirurgien du roi au Châtelet.

En province, dans chaque ville, il y avait une communauté de maîtres chirurgiens, et un lieutenant du
premier barbier et chirurgien du roi, ayant la garde
des statuts, recevant le serment des maîtres chirurgiens, et exerçant un droit de surveillance.

Toutes ces notions sur l'organisation de la médecine et de la chirurgie peuvent sembler un peu étran-
gères à notre sujet, elles sont utiles cependant pour
comprendre le système des ordonnances de l'ancien
droit.

2º Son organisation.

Au moment où fut discutée l'ordonnance de 1670,
l'organisation de l'expertise médicale était détermi-
née par un édit royal de janvier 1606. Son texte est
introuvable[1]. Sous prétexte de remédier aux abus
auxquels donnaient lieu les rapports faits alors par
les Maîtres Chirurgiens, il accordait au premier médecin du roi le droit de commettre des chirurgiens
dans les villes, lieux et bourgs du royaume pour faire
les visites et rapports des malades et des blessés : il

---

[1] Il n'a pas été enregistré.

attribuait également compétence au Grand Conseil du roi sur les différends qui pouvaient s'élever entre les médecins ainsi commis et les Maîtres Chirurgiens.

Le titre V de l'Ordonnance de 1670 intitulé « Des rapports des Médecins et des Chirurgiens » comprend trois articles.

Article premier. — « Les personnes blessées pourront se faire visiter par médecins et chirurgiens qui affirmeront leur rapport véritable : ce qui aura lieu à l'égard des personnes qui agiront pour ceux qui seront décédés, et sera le rapport joint au procès. »

Art. 2. — « Pourront néanmoins les juges, ordonner une seconde visite par médecins ou chirurgiens nommés d'office, lesquels prêteront le serment dont sera expédié acte, et après leur visite en dresseront et signeront sur-le-champ leur rapport pour être remis au greffe et joint au procès, sans qu'il puisse être dressé aucun procès-verbal à peine de 100 livres d'amende contre les juges, moitié vers nous, moitié vers la partie. »

Ces deux premiers articles, sauf la nécessité d'affirmer par serment, et quelques modifications peu importantes et relatives surtout au style, étaient le projet primitif présenté par Pussort. Ils ne faisaient pas mention du privilège accordé par le roi à son premier médecin, et aux médecins et chirurgiens par lui commis. D'autre part, dans sa rédaction primitive, le premier article n'exigeait pas en termes exprès que

l'expert, auteur du premier rapport, prêtât serment,
et pourtant ce rapport produisait certains effets en
justice.

Ce fut sur ces deux points que porta toute la discussion. On inséra dans le premier article l'obligation, pour le premier expert, d'affirmer son rapport
devant le juge, et pour garantir les droits du premier
médecin du roi, sans donner cependant entière sa-
tisfaction à ses prétentions, un troisième article fut
créé.

Voici, d'ailleurs, le procès-verbal de la discussion :
« Monsieur le Président a dit qu'au Châtelet il y avait
deux sortes de visites qui se pouvaient faire, l'une
de l'Ordonnance de Justice, pour laquelle on com-
met toujours l'un des Maîtres Chirurgiens, jurés du
Châtelet, qui sont officiers commis à cet effet ; l'autre
visite se fait sans Ordonnance de Justice et, en celle-
là, les complaignans peuvent se servir de tels Chirurgiens qu'ils veulent pour se faire visiter, pourvu
que ce Chirurgien soit Maître à Paris. Que, pour cet
effet, tous les Maîtres Chirurgiens de Paris prêtent
serment au Châtelet et sont appelés Chirurgiens-
Jurés.

« Qu'ainsi, à l'égard du Châtelet, l'article peut être
bon, parce que tous ces chirurgiens ne prêtent pas
de nouveaux serments à chaque visite qu'ils font ;
mais, qu'ailleurs, il serait de dangereuse conséquence de laisser aux parties le choix des Médecins

et des Chirurgiens, ce rapport étant une pièce très considérable du procès-criminel. Qu'ainsi, l'article est bon en partie, mais qu'il faut que, hors Paris, tous les rapports soient faits de l'ordonnance du juge.

« M. Pussort a dit que l'on n'avait point considéré l'usage de Paris : mais la nécessité de faire visiter, même souvent, avant que l'on pût avoir l'Ordonnance du Juge. Mais, en tout cas, l'article 2 y avait pourvu en laissant la liberté au juge d'ordonner s'il y échoit une seconde visite, la première étant de nécessité, et celle-ci de justice. Qu'au surplus, M. Valot, premier Médecin du roi, prétend avoir droit de nommer des médecins et des Chirurgiens par toute la France pour faire des visites. Qu'il est fondé en Déclaration enregistrée en 1599. Que l'usage y est, suivant lequel, on ferait dans les provinces en même condition qu'au Châtelet. Qu'ayant été parlé de ce privilège devant le Roi, l'on ne s'y était pas arrêté. Que M. Valot en faisait instance : que c'était à la Compagnie de dire ce qu'elle jugerait être nécessaire d'en rapporter au Roi.

« M. le Président de Coigneux a dit qu'il voyait des rapports de ces Chirurgiens à la Tournelle.

« M. Talon a dit que l'usage a toujours été que les Chirurgiens ont affirmé leurs rapports en justice : qu'il peut y avoir de l'inconvénient d'en user autrement ; parce que l'on pourra supposer la signature d'un Chirurgien qui ne sera pas connu par le Juge. A Paris, les Maîtres Chirurgiens sont dispensés d'affirmer leurs rapports : parce que lors de leur réception, ils prêtent serment devant le Lieutenant Criminel.

« Qu'à l'égard des Médecins et Chirurgiens nommés par le premier Médecin du roi il ne fallait pas donner une faculté exclusive des autres Chirurgiens.

M. le premier Président a dit que les chirurgiens affirment leur rapport véritable, et le cachètent et que lorsque le premier Médecin en nomme, on les reçoit, mais sans exclusion des autres; et qu'il serait de grande conséquence de n'admettre par toute la France aucun rapport en Justice que des Chirurgiens commis par le premier Médecin du Roi ; que cela serait contraire à l'usage, et que le Parlement n'a jamais reconnu ce privilège.

« M. Pussort a réparti que cette concession serait inutile sans exclusion, qu'au surplus on peut ajouter les mots en affirmant.

« Enfin, sur l'Observation faite touchant le droit du premier Médecin du roi, l'on a dressé un article nouveau, qui est le troisième du titre dans l'Ordonnance, par lequel ce droit est expliqué et confirmé.

Article 3. — « Voulons qu'à tous les rapports qui seront ordonnés en justice, assiste au moins un des chirurgiens commis de notre premier médecin, ès lieux où il y en a, à peine de nullité des rapports. »

L'ordonnance de 1670 admet donc deux sortes de rapports.

Le premier n'est pas, il est vrai, ordonné par le juge, mais il tire son autorité soit de la qualité de chirurgiens ayant déjà prêté serment devant la justice, soit de l'affirmation de son exactitude qui sera faite devant le juge. Il peut être fait par n'importe quels médecins ou maîtres chirurgiens; les prétentions du premier médecin du roi d'en réserver le privilège à ceux qu'il a commis en vertu de l'édit de 1606 ne sont pas adoptées. Serpillon, néanmoins, nous affirme qu'à partir de l'ordonnance de 1692, l'usage contraire prévalut; « depuis la création des Médecins et Chirurgiens jurés, les parties n'en peuvent choisir d'autres, et même elles sont obligées de les faire commettre par les juges ».

Ce premier rapport était appelé dénuntiatif. Lamoignon, dans la discussion, le déclare « une pièce très considérable du procès criminel ». Bien souvent, en effet, le corps du délit ne sera établi que par lui seul, et si d'autres experts sont nommés plus tard par le juge, ils n'auront, comme base, que les constatations faites par leurs premiers confrères.

Jousse nous explique son objet : « Le principal objet que les Médecins et les Chirurgiens doivent se proposer dans ces rapports est d'éclairer les juges sur le corps du délit. » Et, en effet, l'art. 1 indique qu'ils seront joints aux procès, c'est-à-dire aux informations.

Si ce premier rapport est si important, comment laisse-t-on à la partie lésée le choix des experts, alors que la valeur des experts, leur impartialité sont ici plus nécessaires que partout ailleurs ? C'est que toute cette matière de l'expertise est dominée par la terrible nécessité d'agir vite. Bien qu'appelés permanents, les délits que l'expertise a pour but de constater ne laissent que des traces susceptibles de se modifier, de disparaître même après quelque temps. La préservation des droits de la partie lésée, la constatation exacte du corps du délit dépendent de la rapidité avec laquelle l'expert sera choisi et pourra commencer son travail. Entre l'expertise et le droit idéal, se dressera toujours cette terrible nécessité : toute disposition législative qui n'en tiendrait pas compte serait destinée à ne produire aucun effet utile.

En 1670, elle amenait à laisser au plaignant la faculté de choisir lui-même l'expert chargé de constater le corps du délit.

Ce n'était pas sans que les inconvénients de cette façon de procéder eussent été sentis. La discussion de l'article premier prouve que les auteurs de l'ordonnance de 1670 ne se faisaient pas d'illusion sur la moralité des rapports denuntiatifs ; les auteurs, en nous indiquant que les récusations doivent être ici plus facilement admises que dans les autres rapports, complètent l'indication de leur valeur probante.

Ils étaient « de nécessité », le mot mieux que tout indique l'esprit de la loi. Comme contrepoids, l'accusé pouvait demander une seconde visite par experts commis par le Juge, « s'il y avait lieu de craindre que le plaignant se fut adressé à des chirurgiens suspects », et le juge la lui accordait toujours. Pothier ajoute : « surtout si l'accusé offre de la faire faire à ses frais ». En fait, cette garantie pouvait être illusoire si l'erreur ou la tromperie avait porté sur les constatations.

Le deuxième rapport offre en théorie toutes les garanties : les experts sont choisis par le juge qui, pour l'un tout au moins, ne pourra faire porter son choix que sur des spécialistes indiqués par une personne compétente ; si cet expert semble suspect, le juge pourra, par le choix de l'autre dans lequel aucune règle ne le lie, neutraliser l'influence du premier. Et comme la qualité de médecin ou chirurgien commis par le premier médecin du roi n'a pas pour résultat de faire prévaloir l'opinion de celui-ci sur celle de l'autre, et qu'en cas de désaccord, le juge peut nommer d'autres experts ; comme il n'est même pas tenu de condamner si les deux experts sont d'un avis semblable, le système de l'Ordonnance mérite, toutes réserves faites sur l'expertise de nécessité, les louanges qui lui sont décernées.

Nous avons vu, avec les réclamations du premier médecin du roi, apparaître un ordre d'idées qui, sans être le plus digne d'attirer l'attention, est cependant très important.

L'organisation de l'expertise, et spécialement la détermination des personnes auxquelles elle sera confiée, importe à l'accusé ; mais en même temps d'autres personnes, celles qui prétendent être choisies, y sont également intéressées.

L'intérêt de l'accusé exige, surtout s'il ne peut participer au choix de l'expert, que celui-ci soit un homme de valeur, indépendant du juge et du plaignant. Mais, d'autre part, être expert, c'est en somme en même temps qu'avoir qu'un titre, exercer une profession, gagner de l'argent, il est compréhensible que des compétitions s'engagent sur ce terrain.

C'est bien toujours l'intérêt exclusif de l'accusé que tous invoqueront et mettront en avant, mais souvent cette sollicitude cachera le désir des uns de conserver un privilège, le désir des autres d'être admis à participer à des travaux dont ils se considèrent comme injustement exclus.

Le premier médecin du roi ne devait probablement tant défendre les médecins qu'il commettait, que parce que leur nomination correspondait pour lui à des paiements de droits.

Les maîtres chirurgiens jurés de Paris et les experts du Châtelet luttaient, comme nous l'a montré Peleus, moins par amour de la justice que dans un intérêt personnel.

En province, les contestations entre les maîtres chirurgiens et les médecins ou chirurgiens commis par le premier médecin du roi furent si nombreuses, qu'elles sont la cause invoquée pour supprimer la juridiction du Grand Conseil du roi en cette matière.

Ces compétitions sont très compréhensibles : il importait seulement de dégager ce puissant facteur de tous les changements dans l'organisation de l'expertise. Comment, d'ailleurs, blâmer les praticiens, l'autorité royale leur donnait l'exemple? De tout temps, l'institution d'offices dans l'ancien droit a correspondu à des nécessités budgétaires : un édit de février 1692 créa des offices de médecins et de chirurgiens experts. Voici les principaux passages de cet édit très intéressant, mais trop long pour être cité en entier.

« Edit de février 1692 enregistré au Parlement de Paris, le onze. — Les Rois, nos prédécesseurs, connaissant la nécessité qu'il y avait que ceux qui exerçaient l'art de la chirurgie, et ceux qui se mêlaient des fonctions de barbiers, baigneurs, perruquiers et étuvistes, même les sages-femmes, fussent de bonne vie et mœurs, et capable de faire une fonction si nécessaire ; ont, par plusieurs édits, déclarations et règlements, ordonné ce qui devait être observé pour les chefs-d'œuvre que les aspirants à l'art de la chirurgie devaient faire avant que d'être reçus maîtres et la discipline qui devait être suivie dans les communautés de Barbiers et Chirurgiens. Et afin que les règlements fussent ponctuellement exécutés, ils permirent à leurs premiers Barbiers et Chirurgiens, de commettre et établir des lieutenants choisis entre les plus expérimentés des chirurgiens dans chacune des villes, bourgs et lieux de notre royaume, pour examiner les aspirants, etc... Cet établissement ne remédiant point aux abus qui se trouvaient dans les rapports que tous les chirurgiens pouvaient faire des malades, blessés ou autres, le roi Henri IV, notre aïeul, de glorieuse mémoire, ordonna par son édit du mois de janvier 1606, que par le sieur de la Rivière, lors son premier médecin, il serait commis dans toutes les villes, bourgs et lieux de notre royaume un ou deux Chirurgiens pour assister aux visites et rapports qui se feraient par ordonnance de Justice ou autrement, avec défense aux autres chirurgiens de faire aucun rapport sans y appeler ceux commis par le premier Médecin, et à tous juges d'y avoir égard, à peine de nullité : et par le même édit, il accorda aux chirurgiens ainsi commis, les mêmes honneurs, fonctions, privilège et émoluments, que ceux dont jouissent les chirurgiens jurés de notre bonne ville de Paris.....

Et ayant été informé des différends qui survenaient tous les jours entre lesdits Lieutenants, les chirurgiens commis par notre sieur premier médecin et les autres des communautés, nous aurions, par notre Ordonnance du mois d'août 1670, ordonné que les visites des blessés pourraient être faites par médecins et chirurgiens, même par l'article 8 du titre V d'icelle ordonné à nos Cours de surseoir l'exécution des sentences de provision, jusqu'à ce qu'elles aient vu les charges, information, et les rapports des médecins et chirurgiens.

Genesteix7

Mais au lieu que cette ordonnance ait fait cesser les difficultés et contestations, elle en a causé de nouvelles par les préséances et prérogatives que les Médecins-Lieutenants et Chirurgiens nommés et commis prétendent les uns sur les autres. Sur quoi, les sieurs Daquin et Félix nos premiers médecins et chirurgiens nous ayant remontré qu'étant obligés de résider assidument près de notre personne, ils ne pouvaient remédier à ces abus ni aux plaintes que nous recevions journellement, à cause des évocations que la plupart des Lieutenants et chirurgiens faisaient faire sans fondement en notre Grand Conseil qui fatiguaient nos sujets qui s'y trouvent intéressés; pour quoi ils nous auraient supplié d'y pourvoir afin de rendre les fonctions desdits Lieutenants, Médecins et Chirurgiens, les réceptions des aspirants et la forme de faire des rapports fixes et stables conformément aux règlements.

A ces causes et autres à ce Nous mouvant.....

Nous avons par le présent Edit perpétuel et irrévocable, supprimé et supprimons pour toujours la faculté accordée à nos premiers médecins par ledit Edit du mois de janvier 1606..... et celle donnée à notre premier chirurgien de nommer et commettre des lieutenants dans lesdites villes et lieux..... à la réserve et exception de notre bonne Ville, Faubourgs et Banlieue de Paris dans lesquels Nous voulons qu'eux, leurs lieutenants et commis jouissent des mêmes droits, privilèges et fonctions qu'ils ont accoutumé..... avant le présent Edit.

Nous avons par le présent Edit créé et érigé, créons et érigeons en titre d'Offices formés et héréditaires deux jurés dans chacune des communautés de Chirurgiens des villes de notre royaume où il y a Parlement ou autres

Cours, Evêché, Archevêché, Présidial ou Baillage principal et un dans chacune des autres Villes..... pour y être par nous pourvu de Chirurgiens qui auront les qualités requises..... en Nous payant par eux les sommes auxquels lesdits Offices seront taxés par nos Revenus casuels..... lesquels seront qualifiés nos chirurgiens jurés chacun dans leur ressort. Auxquels nous avons attribué et attribuons la faculté de faire à l'exclusion de tous autres chirurgiens conjointement ou séparément, les rapports des visitations qui seront faites l'ordonnance de justice, que denuntiatifs des corps morts, blessés, noyés, mutilés, prisonniers ou autrement, en la même forme et manière que les chirurgiens qui étaient ci-devant nommés et commis par notre premier médecin.

Voulons que lesdits Chirurgiens Royaux et Jurés,.... examinent les aspirans qui se présenteront pour être reçus, leur délivrent leurs lettres.

Et d'autant qu'il est nécessaire, que les aspirants à l'art de la chirurgie soient interrogés et fassent des preuves de leur capacité et expérience en présence des médecins et que par notre ordonnance du mois d'août 1670 Nous avons ordonné que les rapports de l'état des malades blessés et autres soient faits par médecins et chirurgiens, pour faire cesser les contestations qui surviennent journellement pour raison de ce : Nous avons par le présent Edit créé et érigé, créons et érigeons en titre d'Offices formés et héréditaires, un notre Conseiller médecin ordinaire dans chacune des villes de notre royaume esquelles nous avons par le présent Edit ordonné l'établissement de deux Chirurgiens jurés, pour assister à l'exclusion de tous autres aux examens et receptions des aspirans à l'art de Chirurgie, Sages-femmes et autres cas auxquels la présence des Médecins est nécessaire; comme aussi, pour être présent et assister aux rapports des malades et blessés et autres qui seront ordonnés être faits en justice avec attribution des mêmes droits et fonctions que ceux dont jouissent les Médecins qui sont appelés aux rapports en notre bonne ville de Paris et suivant les Règlements pour ce faits.

Et voulant faire cesser les vexations que nos sujets reçoivent par les évocations qui étaient faites en notre Grand Conseil; Nous avons par notre présent Edit révoqué et révoquons l'attribution de juridiction attribuée à notre Grand Conseil.

Et d'autant qu'il est nécessaire que les charges de médecins et de chirurgiens jurés créés par le présent édit soient remplies par des gens qui aient l'expérience requise, et que la plupart des communautés de chirurgiens des villes principales sont composées de plusieurs Maîtres dans le nombre desquels ils pourraient choisir des jurés capables et de même à l'égard des médecins; Nous permettons auxdites communautés qui voudront réunir lesdits Offices à leurs communautés, de le faire, et d'élire entre eux des gens capables de les exercer pour y être par Nous pourvu sur leur nomination ».

Mais tout ce qui est office se transforme forcément en exploitation commerciale, en question de gros sous. Que les offices aient été unis aux communautés, qu'ils aient été levés par des particuliers et surtout dans ce dernier cas, les abus furent nombreux.

Les titulaires ayant le droit de réception à la Maîtrise recevaient des aspirants peu capables, en considération des sommes qu'ils en exigeaient. Ceux auxquels ces offices passaient à titre d'hérédits étaient souvent eux-mêmes incapables d'examiner et de connaître la capacité de ceux qui se présentaient à la maîtrise de la chirurgie, incapables aussi de remplir les fonctions auxquelles ils avaient droit.

Aussi par édit de septembre 1723 on revint à l'ancien système. Les experts furent désormais choisis par le premier chirurgien du Roi, mais dans une liste de trois·noms de Maîtres de chaque communauté, envoyée par les Officiers municipaux. Nous avons rapporté plus haut l'arrêt du Parlement du 20 mars 1728, maintenant aux parties le droit de se faire visiter par les Médecins et les Maîtres Chirurgiens de Paris, de leur choix.

Le retour à l'ancien système fut donc complet ; le monopole résultant des offices fut supprimé.

La manière dont les experts furent désormais choisis put être considérée comme garantissant leur savoir et leur indépendance, et l'on comprend que sous le Code de 1808, laissant absolument libre le juge dans son choix, on ait souvent et justement regretté les règles admises dans l'ancien droit, pour la désignation et le choix des experts.

3º *Situation de l'accusé.*

Jusqu'ici, en étudiant l'Ordonnance de 1670, nous avons fort peu parlé de l'accusé ; ce n'est que la conséquence du système de la loi, qui, volontairement l'écarte de toute la procédure criminelle. Les ordonnances de 1498 et de 1539, expressions de la procédure inquisitoire, avaient introduit dans le procès extraordinaire le secret de l'instruction et de l'audience, la suppression du conseil, la non communication des pièces. Toutes les garanties de la défense avaient disparu. L'ordonnance de 1670 n'avait fait que reproduire ce système en l'aggravant encore sur certains points.

A quoi aurait pu prétendre l'accusé, spécialement dans l'expertise ? D'abord à l'assistance d'un conseil, utile pour l'éclairer sur son droit de récuser les experts et sur la nécessité de provoquer une seconde expertise.

Cette assistance lui était refusée. L'article 8 du titre XIV ne la permettait que dans les accusations de crimes non capitaux, et par exception dans quelques-uns des autres.

Il aurait pu prétendre être appelé aux opérations de l'expertise pour y formuler ses observations. C'eût été la négation même du principe inquisitoire, aussi la jurisprudence lui refusait ce droit [1].

[1] Il est assez curieux de voir qu'à cette époque il fut sou-

L'accusé aurait pu enfin, une fois le rapport terminé et déposé, prétendre avoir connaissance du nom des experts et communication de leur rapport. L'Ordonnance de 1670 était muette. Deux hypothèses se présentaient. L'expertise criminelle était faite tantôt par voie d'information, les experts étaient recolés, confrontés : ici pas de difficultés ; ils étaient reprochés, leur déposition était combattue suivant les règles applicables aux témoins : c'était l'expertise d'écriture. Tantôt au contraire, ses résultats étaient contenus dans un rapport déposé cacheté au greffe, c'était l'expertise du titre V. Rien n'indiquait alors si le nom des experts et leur rapport devaient être communiqués, quand et comment ils le seraient.

La connaissance du nom de l'expert était indispen-

tenu que l'accusé devait être appelé aux opérations de l'expertise, c'est-à-dire que celle-ci devait être contradictoire, ou, tout au moins, contrôlée.

« Des accusés ont prétendu qu'ils devaient être appelés aux rapports, lorsqu'ils étaient connus et nommés dans les plaintes :

1º Pour reprocher les experts ;

2º Pour faire des observations pour leur décharge.

Suivant Farinace, les accusés ne doivent être appelés qu'à la nomination des experts, et non à leur rapport. Mais comme il a été observé, l'Ordonnance laisse le tout à l'arbitrage des juges, puisqu'elle ne leur donne aucune règle à cet égard ; on ne voit même, dans le grand nombre de rapports dont Devaux a donné un recueil, aucun de ces rapports où les parties aient été appelées à la nomination des experts.

Cette question s'est présentée et a été vivement soutenue de part et d'autre dans l'affaire jugée au Parlement de Dijon, sable à l'accusé pour exercer son droit de récusation. Ce droit n'était ni admis ni réglé par l'Ordonnance de 1670. Il était admis cependant dans une très large mesure : du caractère indécis de l'expert, moitié juge, moitié témoin, les anciens auteurs tiraient cette conséquence qu'il devait être récusable comme les juges et reprochable comme les témoins. « Plus même, on dira qu'il est nécessaire d'employer au plutôt et sans différer leur ministère, et plus il faudra convenir qu'on peut, après leur ministère rempli, alléguer les moyens de récusation et de reproches comme on le fait à l'égard des Juges mêmes, qui ont procédé avant que la partie qui pouvait les récuser eût connaissance de l'interposition de leur ministère [1]. »

Pour certains rapports, les motifs de récusation et de reproches devaient être plus facilement acceptés. C'étaient « les rapports denuntiatifs désignés en

par arrêt rendu le 5 mars 1757, au sujet d'un fils de famille d'Autun prétendu assassiné. Les accusés soutenaient qu'étant nommés dans la plainte, ils auraient dû être appelés, tant à la nomination des experts pour donner leurs réponses, qu'à l'exhumation, pour y faire faire aux experts les observations nécessaires et demander au juge tous actes dont ils auraient eu besoin. Et, en effet, s'ils avaient été appelés à cette exhumation, ils auraient constaté un grand nombre de faits, qu'il a fallu dans la suite prouver par les témoins qui avaient été présents. Cependant, l'Arrêt, en renvoyant les accusés absous, prononça, sans s'arrêter à la nullité par eux proposée, contre l'exhumation et le rapport pour n'y avoir pas été appelés » (Serpillon, p. 427).

[1] Prévot, p. 191.

l'art. 1 du titre V qui tiennent en quelque sorte de ces témoignages volontaires qui sont sujets à caution[1] ».

Mais pour récuser les experts, il fallait avoir connaissance de leurs noms. Ç'aurait été, en effet, « une procédure bien téméraire que d'asseoir un jugement sur un rapport fait par des gens inconnus, mais récusables, et non récusés, parce qu'ils n'auraient pas été connus[2] ». Le seul moyen, c'était de demander au juge communication du rapport, et, paraît-il, elle était toujours accordée, ou, du moins, il était toujours donné connaissance des noms et qualités des experts ; au petit criminel, les rapports étaient lus à l'audience[3]. La faculté de discuter les rapports, et, par suite, leur communication nécessaire pour le faire, semble avoir été accordée dans une large mesure ; il était admis, en effet, que « si l'accusé ne peut par lui-même relever les contradictions ou autres défauts qui se trouvent dans leur rapport, il les fera critiquer par gens du métier et en tirera avantage dans ses écritures[4] ».

D'autres règles venaient encore améliorer le sort de l'accusé : le rapport de l'expert devait être fait à charge et à décharge ; s'il y avait des causes légi-

---

[1] Prévot, p. 196.
[2] Prévot.
[3] Jousse, partie III, livre II, titre III, deuxième vol., p. 43.
[4] Serpillon.

times de suspicion contre les experts, les juges devaient suppléer d'office l'accusé et rejeter le rapport
s'il y avait lieu. Lorsqu'un rapport était dressé par
experts choisis par le plaignant, l'accusé pouvait toujours, avons-nous vu, demander un second rapport
par experts nommés d'office ; le juge pouvait de lui-
même ordonner autant de rapports successifs qu'il
lui plaisait.

Si les droits de l'accusé étaient sacrifiés dans l'expertise criminelle, ce n'était donc qu'une conséquence inévitable du principe inquisitoire. Comme
dans toute procédure de cette époque, il était à la
merci de son juge, et son intérêt était sacrifié ou
non, selon que celui-ci se conformait scrupuleuse-
ment à l'esprit de la loi, ou prenait à cœur d'établir
l'accusation. Il était bien difficile à l'accusé de se
défendre lui-même ; une application rigoureuse de
la théorie des faits justificatifs pouvait, en notre matière, rendre impossible toute défense. Tout fait
ayant pour résultat, s'il était établi, de prouver l'innocence de l'accusé par la démonstration de la non-
existence du délit, ou de sa non-imputabilité à l'accusé, était, sauf quelques distinctions, un fait justificatif et ne pouvait être proposé qu'après l'instruction
terminée. La démence était aussi un fait justificatif ;
elle ne pouvait être prouvée par experts qu'après
l'instruction ; il devait en être de même de toute expertise demandée par l'accusé pour prouver un fait

justificatif ; or, pendant ce temps, les traces disparaissaient et l'accusé restait emprisonné.

C'était la conséquence du système inquisitoire, faisant faire l'instruction en dehors de l'inculpé.

Pour qu'il en soit autrement, il faudra l'introduction du principe de contradiction dans l'instruction et dans l'expertise.

QUATRIÈME PARTIE

CHAPITRE PREMIER. — **Droit intermédiaire.**
— **Code de 1808**. — **Réformes**.

Il est logique que l'expertise criminelle, qui n'est
qu'une branche de l'instruction criminelle, s'adapte
aux formes de celle-ci et qu'elle subisse sa bonne ou
sa mauvaise influence. Les défauts que nous pour-
rions trouver dans l'expertise de l'ordonnance de
1670 sont, avons-nous dit, tous inhérents à la procédure inquisitoire qui lui était imposée, procédure
secrète, et reléguant l'accusé à l'arrière-plan : ils
étaient la conséquence de cette idée inexacte, que
dans l'instruction criminelle, s'élève entre la société
et l'accusé un conflit dans lequel les intérêts de ce
dernier doivent être sacrifiés.

Pour que la situation de l'accusé changeât dans
l'expertise criminelle, il fallait donc un profond revi-
rement dans les idées et dans la procédure.

Les réformes du droit intermédiaire, la publicité
de la procédure, l'assistance d'un conseil et la suppression de la théorie des faits justificatifs amélio-

rèrent, en général, le sort de l'accusé : mais il ne fut pas construit, pour remplacer le titre V de l'Ordonnance de 1670, une organisation de l'expertise en harmonie avec les idées nouvelles.

Voici d'ailleurs les textes de cette époque :

Loi des 16-29 septembre 1791 ; 1re partie, titre III.

Art. 2. Dans les cas énoncés en l'article précédent (meurtre ou mort dont la cause est inconnue ou suspecte), l'inhumation ne pourra être faite qu'après que l'officier de police se sera rendu sur les lieux, accompagné d'un chirurgien ou homme de l'art, et aura dressé un procès-verbal détaillé du cadavre et de toutes les circonstances, en présence de deux citoyens actifs, lesquels, ainsi que le chirurgien ou homme de l'art, signeront l'acte avec lui.

Code des délits et des peines, 3 brumaire, an IV.

Art. 103. Il (le juge de paix) se fait au besoin accompagner d'une ou deux personnes présumées, par leur art ou profession, capables d'apprécier la nature et les circonstances du délit.

Art. 104. S'il s'agit d'un meurtre ou d'une mort dont la cause est inconnue ou suspecte, le juge de paix doit se faire assister d'un ou de deux officiers de santé.

En même temps, les communautés avaient été dissoutes et l'obtention du titre de docteur en médecine et en chirurgie, avait été réglée par la loi du 19 ventôse an XI (10 mars 1803), dont l'article 27 est ainsi conçu :

Art. 27. A compter de la publication de la présente loi, les fonctions de médecins et chirurgiens appelés par les tribunaux..., ne pourront être remplies que par des médecins et des chirurgiens reçus suivant les formes anciennes ou par les docteurs reçus suivant celles de la présente loi.

Nous retrouvons les articles 103 et 104 du Code des délits et des peines, reproduits dans le Code de 1808.

Art. 43. Le Procureur de la République se fera accompagner au besoin d'une ou de deux personnes présumées par leur art ou leur profession capables d'apprécier la nature et les circonstances du crime ou délit.

Art. 44. S'il s'agit d'une mort violente ou d'une mort dont la cause soit inconnue et suspecte, le procureur de la République se fera assister d'un ou de deux officiers de santé qui feront leur rapport sur les causes de la mort et sur l'état du cadavre.

Les personnes appelées dans le cas du présent article et de l'article précédent, prêteront devant le Procureur de la République le serment de faire leur rapport, et de donner leur avis en leur honneur et conscience.

Ces règles, relatives au mode de procéder des Procureurs de la République dans l'exercice de leurs fonctions en cas de flagrant délit, sont rendues communes aux juges d'instruction par l'article 59 sur les fonctions du juge d'instruction en cas de flagrant délit. Elles sont interprétées de manière à permettre au juge d'ordonner une expertise à un moment quelconque de son instruction.

C'est tout ce que contient le Code d'instruction criminelle, et il a fallu une interprétation extensive facilitée par le caractère juridique attribué aux experts pour déduire de l'article 303, relatif à l'audition de nouveaux témoins, le droit pour le président des Assises d'ordonner une expertise. Le Président du Tribunal correctionnel a également ce droit.

Les dispositions bonnes ou mauvaises du titre V de l'Ordonnance de 1670, ont donc disparu.

Supprimée, l'expertise de nécessité, le rapport dénuntiatif que pouvait faire dresser le plaignant par experts de son choix, et dont le but principal devait être, d'ailleurs, de permettre l'allocation d'une provision : il se transforme en un simple certificat.

Supprimée aussi la liste des experts dressée par les autorités spéciales dont ils relevaient, et dont l'intervention était une garantie de savoir et d'indépendance.

Pour les remplacer, cette simple indication que l'expertise criminelle par un ou par plusieurs experts existe toujours, et qu'elle peut ou doit être provoquée par le Procureur de la République ou par le Juge d'instruction.

Ce texte vague va permettre à la jurisprudence de consacrer ici tous les principes de la procédure inquisitoire dont le système « avec des formes un peu moins dures » revit dans l'instruction préparatoire du Code de 1808. La Cour de Cassation formulera (2 janvier 1858) la principale application : il n'est pas nécessaire qu'il soit procédé à l'expertise criminelle en présence des parties comme en matière civile.

Le juge est maintenant le maître absolu. Seul l'article 27 de la loi du 19 ventôse an XI limite son choix. Les listes d'experts ne seront rétablies que par le décret du 21 novembre 1893 en exécution de la loi du 30 novembre 1892, article 14.

Art. 1er du décret. — Au commencement de chaque année judiciaire, et dans le mois[1] qui suit la rentrée, les Cours d'appel en Chambre du conseil, le Procureur général entendu, désignent, sur la liste des propositions des tribunaux de première instance du ressort, les docteurs en médecine à qui elles confèrent le titre d'experts devant les Tribunaux.

En même temps que le choix du juge devient libre, la faculté de récuser les experts est supprimée.

« Ils ne sont plus récusables aujourd'hui, et c'est là une conséquence du rejet du système des preuves

[1] Décret du 22 décembre 1899: « dans les trois mois » au lieu de « dans le mois ».

légales. Ni le juge, ni les jurés, n'étaient liés par l'opinion des experts ; le prévenu et la partie civile pouvaient discuter librement l'opinion qu'ils ont émise et y opposer toutes les autorités, tous les raisonnements qui sont propres à la combattre ; faire connaître les motifs particuliers de haine ou d'affection qui ont pu déterminer tel ou tel expert à embrasser l'opinion qu'il a exprimée plutôt que l'opinion opposée, il n'est pas étonnant que le Code ne se soit pas occupé de leur récusation et des causes qui pouvaient l'autoriser[1]. »

Pour bien comprendre, il faut se rappeler que la caractéristique du Code de 1808 est le contraste entre la procédure de l'instruction préparatoire, secrète, écrite, ne laissant même pas à la défense le droit de contradiction, et les débats à l'audience, où tout est publicité, débats oraux, libre défense et pleine discussion[2].

La situation de l'accusé, telle qu'elle résulte du Code de 1808, a, d'ailleurs, été magistralement dépeinte par M. Léopold Thézard dans son rapport fait au nom de la commission[3].

« Dans le système du Code d'instruction crimi-

---

[1] *De l'Instruction écrite*, Mangin revu par Faustin-Hélie, premier volume, p. 144.

[2] Esmein, p. 539.

[3] *Journal officiel*, Sénat, 1895, *Documents parlementaires*, annexe n° 23.

nelle actuel, dérivé de la procédure par inquisition, on peut dire que l'inculpé est à la discrétion absolue du juge d'instruction ; si des règles sont tracées par la loi pour les actes de l'information préparatoire, ce sont presque exclusivement des règles de pure formalité dont aucune ne garantit ni la liberté de l'individu incriminé ni la discussion des charges qui peuvent exister contre lui. Tant que dure l'instruction, l'inculpé est comme paralysé : on cherche autour de lui, sans lui, les preuves du crime ou du délit ; si on s'adresse à lui, c'est uniquement pour l'interroger, sans qu'il ait aucun moyen d'exiger d'un juge prévenu les investigations qui pourraient être utiles à sa défense.

« Isolé, sans défenseur, il peut être tenu dans l'ignorance de tout ce qui concerne son affaire, et par là mis dans l'impossibilité d'exercer aucun contrôle. Ce n'est qu'après l'instruction close, et devant la juridiction de jugement qu'il recouvrera sa liberté d'action, et la possibilité de discuter contradictoirement.

« N'est-ce pas faire trop bon marché des légitimes intérêts de l'inculpé que de lui assurer seulement cette garantie du jugement public ? »

Pendant l'instruction, l'inculpé, désireux de provoquer une expertise ou un supplément d'expertise, ne peut qu'adresser au juge d'instruction une requête que celui-ci est libre d'accueillir ou de repousser.

A l'audience, il retrouve tous ses droits, il pourra produire une consultation de spécialistes ou appeler à la barre des gens de l'art qui discuteront le rapport de l'expert.

Les inconvénients de ce système sont faciles à dégager. Dans l'expertise les constatations sont tout ; les conclusions du rapport n'en sont que la déduction nécessaire. Ce sont ces constatations qui, bien ou mal faites, rendront un rapport exact ou inexact. Or, l'accusé n'y est pas représenté.

Les gens de l'art qu'il appelle seront la plupart du temps obligés de les accepter sans avoir pu les vérifier, et leur discussion roulera sur des considérations théoriques, sur les conséquences à tirer des constatations, sur le plus ou moins de confiance que mérite une théorie scientifique ; elle pourra être très utile, mais elle ne sera pas placée sur son véritable terrain.

Ainsi d'une part l'accusé ne retirera pas de ces consultations ni de ces discussions à la barre toute l'utilité qu'il était en droit d'espérer, et, d'autre part, souvent ces discussions interminables, incompréhensibles, déconcerteront les juges et surtout les jurés qui jugeront sur une impression plutôt que sur une vérité dégagée par la controverse.

Pour ne pas rendre illusoire le droit de l'accusé de présenter sa défense et de discuter les charges qui pèsent sur lui, pour éviter que la discussion à la barre n'obscurcisse la vérité au lieu de la dégager, il semblait donc indispensable d'organiser l'expertise mieux que ne l'avait fait le Code d'instruction criminelle.

En même temps, les idées générales sur la procédure criminelle avaient changé. Avec le projet de réforme de 1879 était apparue cette idée, qu'il fallait que l'accusé fût représenté dans tous les actes de la procédure, et que sa défense ne pouvait être mieux présentée que par lui-même ou une personne de son choix.

Le temps n'était plus où l'on admettait avec l'Ordonnance de 1670 comme suffisante cette prescription adressée au juge, d'avoir lui-même égard, avant de terminer son instruction, aux nullités qu'il aurait commises.

En notre matière on pouvait dire que l'accusé n'était pas représenté. L'expert était choisi par le juge. Or, si en principe, le juge d'instruction, comme le président du tribunal correctionnel ou celui de la cour d'assises, est un personnage devant tenir la balance égale entre l'accusation et la défense, en réalité, il est le véritable représentant de l'accusation, prenant à cœur de la faire triompher. Il était forcé que l'expert choisi par lui devînt l'expert de l'accusation. L'expérience a montré qu'il en fut ainsi, et c'est le nom que M. Cruppi lui-même, ancien avocat général à la Cour de Cassation, lui décerne. C'est ce

que constatait M. Lagasse : « Ces messieurs fort honorables et la plupart fort savants se considéraient
comme les experts du parquet. Il leur semblait qu'il
y avait un devoir sacré pour eux d'appuyer autant
que possible la prévention. C'est pour cela que, bien
que voulant rester impartiaux, malgré eux ils se
laissaient aller à déposer des rapports qui étaient la
plupart du temps le reflet des préoccupations, pour
ne pas dire des espérances du parquet. »

La faute n'en est pas à l'expert, elle incombe au
juge qui, libre de son choix, choisit l'expert qu'il sait
« préoccupé d'appuyer autant que possible la prévention ». La faute n'incombe même pas au juge,
mais à la loi qui lui fait jouer un rôle incompatible
avec l'impartialité qu'elle exige de lui.

Il serait injuste de constater cette opinion presque unanime que l'expert est actuellement l'expert
du parquet, sans laisser M. Brouardel présenter sa
défense.

« Cette présomption de partialité qui pèse sur les
experts s'explique facilement. Lorsque dans une enquête médico-légale les conclusions ne sont pas favorables à l'accusation ou lui sont absolument con-
traires, le plus souvent, l'instruction se clôt par une
ordonnance de non-lieu. En ce cas, l'affaire n'a
aucun retentissement, personne n'a intérêt à faire
savoir qu'il a été l'objet d'une inculpation d'attentat
à la pudeur, d'empoisonnement ou d'autre crime.

« Lorsque les conclusions sont conformes à la présomption qui pèse sur un accusé, l'affaire suit son cours, se déroule en assises ou en police correctionnelle avec tout l'éclat qui entoure en général ces débats.

« L'expert ne paraît donc en public que lorsque ses conclusions sont favorables à l'inculpation ; dans le cas contraire, tout le monde ignore qu'il y a même eu une inculpation. De là à penser que l'expert est en quelque sorte une émanation du ministère public, qu'il en subit l'influence, il n'y a qu'un pas... franchi depuis longtemps [1]. »

La critique n'en subsiste pas moins : elle tient à des raisons d'ordre pratique. L'expert exerce une profession, il a besoin pour vivre de faire des expertises. Or le juge d'instruction est le seul dispensateur des affaires à examiner, et il ne choisit que ceux sur lesquels il peut compter. « Un expert sur lequel on peut compter, c'est dans les affaires commerciales et financières par exemple, un auxiliaire, un collaborateur qui prend l'affaire dès son début et la rapporte toute faite : quelques interrogatoires de forme, et le juge peut rendre l'ordonnance ; le procureur n'aura qu'à résumer son rapport. Nous n'en prétendons faire grief à personne, mais l'expert auquel est confié le plus de travaux, c'est celui dont les avis

[1] Brouardel, *De la réforme des expertises médico-légales*, note, p. 3.

sont le plus fréquemment d'accord avec la prévention. Aux yeux du magistrat, justifier l'inculpation
est de la part de son auxiliaire une preuve de capacité..... Les experts sont forcés d'expertiser à charge
sous peine de ne plus expertiser du tout. [1] »

Il est facile de constater le bien fondé de ces critiques. Voici par exemple le préambule d'un rapport
d'expert en comptabilité. « Par ordonnance du.....
vous m'avez fait l'honneur de me commettre comme
expert à l'effet de, par l'examen de la procédure, de
la comptabilité de l'inculpé et de tous autres documents, faire connaître tous faits et circonstances
pouvant être utiles à l'instruction, au point de vue
du délit d'escroquerie contre X. »

L'objet des expertises en comptabilité, dit M. Guillot
« est non d'instruire le juge sur des choses excédant
sa compétence, mais de lui épargner des vérifications qu'il n'aurait pas le temps de faire lui-même [2] ».
De là, à faire toute l'instruction et à se prononcer
sur l'innocence ou la culpabilité d'un prévenu, il n'y
a pour l'expert qu'un pas..... franchi depuis bien
longtemps.

L'expertise en comptabilité a certes un caractère
spécial, mais elle n'a pu l'acquérir que parce qu'en
même temps que son objet le permettait, la tendance

[1] Lallier et Vonoven, *Les erreurs judiciaires*, p. 77.
[2] A. Guillot, *Principes du nouveau Code d'instruction criminelle*, p. 218.

du juge d'instruction facilitait cette transformation.

Cette tendance existe pour toute expertise : le juge voit dans l'expert un subordonné qui doit se considérer et qui se considère comme chargé d'établir la prévention.

Puisque l'expert est l'expert du parquet, il semble nécessaire de mettre en face de lui un autre expert qui représentera l'inculpé. La seule présence d'un homme de l'art capable de comprendre et d'apprécier sera déjà une garantie ; devant lui, l'expert ne se permettra plus de simples affirmations sans être en mesure de les soutenir.

Ainsi, les nécessités pratiques de la discussion qui, du moment où elle est permise, doit être organisée d'une manière utile, et le droit de l'inculpé de surveiller des opérations menées avec l'intention de trouver une preuve contre lui amènent à une même conclusion : l'inculpé doit être représenté dès le début des opérations de l'expertise.

Ce sera là une nouvelle application à la procédure préparatoire du principe de contradiction posé par le projet de réforme de 1879.

Ce principe peut être compris de deux manières. Dans un premier système, malgré le mot contradiction, le second expert ne fera que contrôler l'expert choisi par le juge ; il aura le rôle que, dès 1882, M. Leveillé demandait pour l'avocat.

« J'accepte très bien que l'avocat reste un témoin

muet des scènes qui se dérouleront devant lui ; je lui ferme la bouche, mais je ne lui ferme ni les yeux, ni les oreilles ; je veux qu'il voie tout, je veux qu'il entende tout. Je lui accorde la faculté, comme sanction de ses droits, de coucher par écrit et de transmettre au juge ses observations, ses réserves et ses réquisitions [1]. »

Ce système est celui de MM. Thézard et Thévenet [2].

[1] Leveillé, *De la réforme du Code d'instruction criminelle.*

[2] Voici le projet qu'ils déposèrent au Sénat, condensé en trois articles, de manière à rendre la discussion moins longue et l'adoption plus facile :

Article premier. — Une liste d'experts près les tribunaux est dressée chaque année pour l'année suivante par les Cours d'appel, sur l'avis des Facultés des Tribunaux civils et des Tribunaux de commerce.

Les professeurs et chargés de cours des sciences des Facultés et Ecoles de médecine et de pharmacie font de droit partie de la liste, chacun suivant la spécialité de son enseignement.

Art. 2. — Le juge d'instruction désigne au besoin, sur cette liste, un ou plusieurs experts, qu'il charge des opérations qui lui paraissent nécessaires à la découverte de la vérité.

L'inculpé peut choisir sur la même liste un expert qui a le droit d'assister à toutes les opérations, d'adresser toutes réquisitions aux experts désignés par le juge d'instruction, et qui consigne ses observations soit au pied du procès-verbal, soit à la suite du rapport.

Ce choix doit être fait dans les quarante-huit heures au plus tard après l'avis donné à l'inculpé de la désignation du premier expert.

Art. 3. — Si les circonstances l'exigent, le juge d'instruction peut ordonner qu'il sera procédé à une expertise d'urgence, et par tels experts qu'il jugera utile de choisir, même

Le principal reproche qu'on puisse lui faire, c'est qu'avec lui, les discussions à la barre recommenceront de plus belle, car il faudra bien qu'à l'audience la parole soit donnée à l'expert de la défense pour développer ses observations. Or, sans songer à empêcher ces discussions, ce qui porterait trop atteinte aux droits de la défense, tout le monde veut les éviter.

Dans un second système, il y aura contradiction réelle, deux experts ayant les mêmes pouvoirs, pratiquant l'expertise de concert, ne cherchant pas à vrai dire, l'un à prouver l'accusation, l'autre à présenter la défense, mais travaillant tous deux à la recherche de la vérité, et ayant l'un la confiance du juge, l'autre celle de l'inculpé. C'est le projet Cruppi.

La première manière de voir, le contrôle, a été admise par la loi du 8 décembre 1897 sur l'instruction préalable : en cette matière, il ne pouvait d'ailleurs en être autrement. Cette loi qui a fait pénétrer dans l'instruction criminelle l'idée maîtresse du projet de 1879, a déjà exercé une grande influence sur la situation de l'accusé dans l'expertise criminelle. Son article 10 est ainsi conçu : « Il doit lui (au conseil) être immédiatement donné connaissance de toute or-

en dehors de la liste annuelle. Dans ce cas, l'inculpé, s'il est présent, peut désigner immédiatement un expert pris sur les lieux. S'il ne l'a pas fait, il a le droit, après la communication du rapport, de choisir sur la liste annuelle un expert qui examine le travail des experts commis et présente ses observations et ses réquisitions.

donnance du juge, par l'intermédiaire du greffier. »

Le Ministre de la Justice, dans sa circulaire du 10 décembre 1897, déclare que la règle de l'art. 10 ne s'applique qu'aux ordonnances ayant un caractère juridictionnel, mais il ajoute : « L'ordonnance par laquelle le juge désigne un ou plusieurs experts ne paraît pas à vrai dire pouvoir être rangée dans cette catégorie, mais je crois entrer dans les vues libérales du législateur en décidant qu'elle devra toujours être immédiatement portée à la connaissance du conseil. »

Cette communication peut sembler inutile, puisque l'ordonnance commettant un expert n'est susceptible d'aucun recours, elle permettra cependant à l'inculpé dirigé par son avocat, de concourir dans une certaine mesure à l'expertise, de transmettre à l'expert des notes écrites, d'attirer par ce moyen son attention sur certains points.

D'autre part, plus tôt l'avocat pourra prendre communication du rapport, plus tôt il pourra prendre l'avis d'autres spécialistes et se préparer à combattre les conclusions de l'expert, si besoin est.

On [1] a vu dans l'extension de la loi du 8 décembre 1897, dans la présence de l'avocat aux opérations de l'expertise, la mesure suffisante dans laquelle la contradiction ou le contrôle devaient être introduits dans l'expertise criminelle.

[1] Drioux, *Etude sur les expertises médico-légales et l'instruction criminelle*, 1886.

Les avocats seront les premiers à rejeter cette solution. Il leur suffit d'avoir lu dans les traités de
médecine légale toutes les précautions à prendre lorsqu'on procède à une exhumation, d'avoir lu le récit
de ce qu'un médecin appelle (tout est relatif) une
belle autopsie, pour comprendre que rien dans leurs
précédents ne les dispose à de semblables fonctions.
Et s'il s'agissait d'un examen pouvant sembler délicat à la pudeur de la personne qui en est l'objet ?
On conseille au juge de s'écarter, il serait encore plus
difficile à l'avocat de demeurer. La proposition émane
d'un magistrat, elle est très flatteuse, semblant au
fond inspirée par le désir de se procurer une compagnie pendant que l'expert est occupé à un travail
quelquefois ingrat, et auquel le magistrat s'abstient
autant que possible d'assister. Incapable de contrôler
quoi que ce soit, en cas d'autopsie par exemple, l'avocat se rendrait désagréable s'il se mêlait de ce qu'il
ne connaît pas ; il serait inutile à son client, s'il assis-
tait inactif.

Si le principe sur lequel est basée l'expertise est
vrai et utilement appliqué, il faut laisser l'expertise
et sa surveillance aux gens du métier. L'avocat a pu
être choisi pour assister l'inculpé dans le cabinet du
juge d'instruction, parce que là il exerce sa profession, qu'il sait ce que le juge doit faire, qu'il comprend ce qu'il fait, et qu'ainsi il peut contrôler; parce
que le juge et l'avocat, s'ils n'appartiennent pas à la

même famille, ont été nourris des mêmes études, sont frères de lait.

Par là, nous voyons qui pourra contrôler l'expert : il faudra nécessairement quelqu'un ayant la même origine, un spécialiste sur la même matière, un autre expert avec ou sans le titre.

Pour éviter l'introduction de la contradiction dans l'expertise, on a proposé d'autres réformes.

M. Desmazes, ancien Conseiller à la Cour de Paris, considérait comme suffisante « l'invitation adressée aux étudiants en droit à suivre les cours de la Faculté de Médecine ou la désignation d'un agrégé en médecine ou en chirurgie pour indiquer, par de sommaires leçons, les éléments de la médecine légale[1] ».

C'est là un souvenir de Mittermaïer. L'idée peut être bonne, mais seulement comme conseil donné aux futurs magistrats d'acquérir quelques notions qui leur permettront de comprendre un rapport, tout en se gardant bien par exemple de vouloir, avec un vernis de science, suppléer l'expert. Elle sera bonne aussi pour leur permettre de se rendre compte dans quelle spécialité rentrent les faits à examiner et quel expert doit être choisi. Mais ce n'est pas là une réforme ; il est vrai que M. Desmazes était hostile à toute réforme, et nous allons précisément trouver sous sa plume les arguments que pouvaient invo-

---

[1] Desmazes, *Histoire de la médecine légale*, Préface.

quer les adversaires du principe de contradiction posé par le projet de 1879.

« Nous traversons une époque pleine d'agitation et de troubles, mais au lieu de songer à la consolidation de l'édifice social ébranlé par des secousses si profondes et si récentes, on bat en brèche les institutions mêmes. La justice est une des colonnes des nations civilisées dont elle fait la sécurité en assurant l'exécution de la loi... Aussi, dans toutes les commotions politiques, on s'est attaqué d'abord aux magistrats, puis à la législation, etc...

« Il faut respecter surtout l'accusé que l'on place désormais sur un piédestal, il n'y a plus de place pour la victime.

« Les honnnêtes gens seront, chaque matin, arrachés à leur famille, à leurs affaires, à leur repos, pour aller voter, pour aller juger, pour aller condamner sur la place publique, devant les désœuvrés.

« Il faudra avant tout assurer la liberté individuelle de l'inculpé, son bien-être, son gîte, son alimentation, tandis que l'ouvrier laborieux, etc.....

« Des sociétés d'encouragement au mal fonctionneront ainsi avec ou sans garantie du gouvernement, etc.....

« Au lieu d'être secrète et par écrit, la procédure criminelle, l'heure venue, se débat au grand jour, s'appuyant sur des témoignages produits sous la forme du serment, avec l'autorité de constats et d'expertises bien garanties, il faut les effacer d'un signe.

« Est-ce que les expertises confiées partout aux plus savants, aux plus expérimentés, aux plus désintéressés ne sont pas discutées au grand jour?

« Est-ce qu'il est possible à Paris ou en province d'attacher, à chaque phase de l'instruction, l'accusé et son défenseur à la marche de l'instruction qui en serait entravée et retardée? Ce serait renouveler le supplice décrit par les anciens ; *conjungere mortua vivis* [1]. »

Il est amusant de voir ainsi accusés en quelque sorte d'anarchie, les esprits éclairés qui prêchaient alors l'adoption de réformes dont personne ne conteste plus aujourd'hui l'utilité. Malgré ces critiques violentes et injustes, ils étaient dans le vrai, le contrôle a été adopté par la loi sur l'instruction préalable, la contradiction dans l'expertise a été votée par la Chambre des Députés.

Voici le texte du projet déposé par M. Cruppi, tel qu'il a été adopté :

Article premier. — La liste des experts admis à pratiquer les expertises en matière criminelle et correctionnelle est dressée chaque année pour l'année suivante par les Cours d'appel, le Procureur général

---

[1] Desmazes, *Histoire de la médecine légale*, Préface. Le même auteur a fait un certain nombre d'ouvrages sur l'ancien droit, composés de recherches historiques, et très intéressants.

entendu, sur l'avis des Tribunaux de première instance.

Les experts sont classés par catégories sur cette
liste qui ne comprend pas de membres de droit, à
l'exception de ceux qui sont institués à l'article 2.

Art. 2. — La liste des médecins et chimistes admis
à pratiquer les expertises médico-légales et chimico-
légales devant les tribunaux est dressée chaque année
pour l'année suivante par les Cours d'appel, le Por-
cureur général entendu, sur la proposition des Tribunaux civils, des Facultés et Écoles de médecine, de
pharmacie et de sciences.

Les professeurs et chargés de cours des dites Facultés, les médecins, chirurgiens et accoucheurs et phar-
maciens des hôpitaux, dans les villes où siègent des
Facultés et Écoles de médecine de plein exercice, les
médecins d'hospices et d'asiles publics d'aliénés feront partie de droit de cette liste ; ils y seront autant
que possible classés par catégories, suivant leurs
spécialités.

Art. 3. — Le juge ou la juridiction compétente
désigne sur la liste annuelle dressée en conformité des
articles précédents un expert ou plusieurs, s'il y a
lieu à des recherches scientifiques distinctes.

La désignation dudit ou desdits experts est immédiatement notifiée à l'inculpé, qui a le droit de choisir sur la liste annuelle qui lui est communiquée,
un nombre égal d'experts. Cette désignation doit être

faite dans le délai de trois jours à dater de la notification.

Dans le cas où l'inculpé n'a pas répondu dans le délai, le juge nomme un second expert comme il est dit à l'article 6.

Dans le cas où une opération urgente d'expertise est prescrite par le président de la Cour d'assises, l'accusé exerce séance tenante, s'il le juge utile, son droit de choisir un expert.

S'il y a plusieurs inculpés, ils doivent se concerter pour faire cette désignation.

Art. 4. —Les experts désignés au paragraphe 2 de l'article 2, ne peuvent être choisis que si cette mesure, qui doit être justifiée par la gravité de l'affaire, est autorisée par l'ordonnance motivée du président du tribunal ou du président de la juridiction saisie.

Lesdites ordonnances ne sont susceptibles d'aucun recours.

Art. 5. — Si l'auteur du crime ou du délit est inconnu, si le prévenu est en fuite, l'expertise ordonnée doit être confiée au moins à deux experts choisis sur la liste annuelle.

Art. 6. — Il ne peut être procédé aux opérations par un seul expert, que dans le cas où l'inculpé renonce formellement à l'expertise contradictoire, et accepte l'expert désigné par le juge.

Art. 7. — Les experts désignés conformément aux dispositions ci-dessus, jouissent des mêmes droits et prérogatives. Ils procèdent ensemble à toutes les opérations, et leurs conclusions sont prises dans un rapport commun après avoir été discutées contradictoirement.

Art. 8. — Si les experts sont d'avis opposé, ils désignent un tiers expert chargé de les départager.

A défaut d'entente, cette désignation est faite par le président du tribunal ou par le président de la juridiction saisie.

Art. 9. — Nonobstant les termes des articles précédents, le procureur de la République et le juge d'instruction peuvent, dans le cas d'extrême urgence, notamment s'ils se sont transportés sur les lieux pour constater un flagrant délit, ou si des indices sont sur le point de disparaître, commettre, à titre provisoire, un seul expert ou un homme de l'art inscrit sur la liste annuelle.

L'expert provisoire procède aux premières constatations, assure, s'il y a lieu, la conservation des pièces à expertiser, et dresse du tout au tout un procès-verbal sommaire qui est visé par le juge ou le procureur de la République.

Ce procès-verbal est transmis avec tous autres documents aux experts qui sont immédiatement désignés, conformément aux dispositions ci-dessus, à moins que ces premières constatations soient jugées suffisantes, d'un commun accord, par le magistrat instructeur et l'inculpé.

Art. 10. — Les frais d'expertise résultant de la présente loi, seront passés en frais de justice criminelle.

Art. 11. — Les articles 43, 44 et 59 du Code d'instruction criminelle sont abrogés en ce qu'ils ont de contraire à la présente loi.

Disposition additionnelle. — Les dispositions de la présente loi relativement au droit de l'inculpé de choisir les experts en nombre égal à ceux de l'accusation, sont applicables au Code de justice militaire.

Ce texte voté par la Chambre réalise un progrès incontestable ; il organise une matière qui ne l'était pas ; il reconnaît à l'inculpé des droits qu'il n'avait pas ; il y a progrès, c'est incontestable.

Mais quelle que soit la bonne volonté du législateur, souvent ses meilleures intentions se heurtent à des difficultés pratiques qui les rendent impuissantes, tout en lui laissant l'honneur de son bon vouloir.

Enfin, une loi porte toujours l'empreinte de son auteur, et celle-ci émane d'un ancien avocat général à la Cour de Cassation, d'un ancien avocat général ayant souvent soutenu l'accusation aux assises, et nous ne devons pas nous attendre à voir sacrifiés des intérêts que l'auteur de la loi avait autrefois charge de défendre. Ce n'est pas un reproche, on s'honore toujours plus en se souvenant de son passé qu'en sacrifiant à des désirs de popularité politique les principes qu'on a autrefois représentés.

Examinons l'influence que ces diverses circonstances ont pu avoir sur le projet de loi voté par la Chambre.

M. Cruppi, dans son savant et consciencieux rapport, rattache à trois points les réformes qu'il préconise.

1° Liste des experts. — C'est là, dans la manière de dresser la liste, l'innovation dont la pratique sera la moins illusoire. Pour les expertises médico-légales et chimico-légales, la loi revient au mode ancien de proposition par les personnes ou les autorités compétentes pour apprécier le savoir des futurs experts. C'est là aussi, jusqu'à un certain point, une garantie d'indépendance, et j'insiste sur ce point. Pour que la loi nouvelle forme vraiment un tout harmonieux, il faut, avec le système adopté, que l'indépendance des experts soit assurée par la manière même dont leur liste est dressée, indépendamment du choix qui pourra être fait par l'inculpé.

Car, d'une part, souvent, très souvent même, ce choix ne pourra être fait ; d'autre part, très souvent encore, ce ne sera que sur cette liste que l'inculpé pourra choisir l'expert qu'il aura la faculté de désigner ; quelle serait donc la portée de la loi si l'expert de cette liste restait toujours sous l'influence du parquet et si la faculté accordée à l'inculpé se réduisait en somme à la consolation de désigner lui-même celui qui travaillera à sa perte ?

Les membres de droit, écartons-les ; c'est une très bonne réforme ; mais ici, déjà, se dresse une première difficulté pratique ; un chirurgien des hôpitaux ne se dérangera pas pour une expertise peu intéressante, et, prévoyant ce cas, le président, par une ordonnance qui ne sera susceptible d'aucun recours, refusera d'autoriser son choix. C'est une difficulté pratique ; ne nous attardons pas à la discuter.

Choisi sur la liste, par l'inculpé ou par application de l'article 9, le second expert doit donc être indépendant. Le sera-t-il ?

Les tribunaux civils peuvent proposer ; ils pourront donc repêcher des experts que renieraient les Facultés. Le choix appartient aux Cours d'appel ; l'esprit de véritable justice dont nous voyons chaque jour animée la Cour de Paris nous est une garantie de l'impartialité qui présidera à ce choix, mais, et c'est là où l'ancien avocat général reparaît, n'abandonnant aucun de ses droits, auparavant, le Procureur général sera entendu. Qui sera là pour défendre les experts accusés de trop de douceur pour les inculpés, alors que ceux qui seront restés les experts de l'accusation auront un défenseur autorisé? A quoi servira à l'inculpé la faculté de choisir un expert sur une liste, si on en a fait sauter tous ceux qui n'étaient pas « des experts sur lesquels on pouvait compter?»

Faut-il donc accorder à l'inculpé le droit de choisir n'importe quel médecin, en dehors de la liste dressée ? Il serait désirable qu'il pût en être ainsi, mais là encore, trop de difficultés pratiques. Les médecins ne sont soumis aux règles d'aucun corps professionnel, beaucoup sont besoigneux et se laisseraient peut-être tenter par une tâche dont ils seraient incapables, les différentes spécialités dont se compose la médecine légale nécessitant des études spéciales auxquelles ils ne se seraient pas suffisamment livrés. Ouverte de droit à tous ceux dont les titres garantissent la capacité, accessible à tous les autres sous certaines conditions, la liste de la nouvelle loi peut être très équitablement dressée : tout dépendra de la manière dont la Cour tiendra compte des propositions des Facultés et des Écoles.

2º *Fonctionnement de l'expertise.* — Nous avons dit que bien souvent le second expert serait choisi par le juge par application de l'article 9. Ce sera la conséquence de cette terrible nécessité d'agir vite qui, de tout temps, a été la principale cause de l'effacement de l'inculpé dans l'expertise. Dans l'Ordonnance de 1670, cette nécessité avait déterminé le rapport dénuntiatif par lequel le plaignant faisait constater le corps du délit par expert de son choix.

Hier, dans la loi du 10 décembre 1897, elle faisait insérer une disposition exceptionnelle.

Aujourd'hui, dans la loi sur l'expertise, elle nécessite encore une disposition exceptionnelle qui pourra ne laisser subsister la loi que comme trompe-l'œil.

Il faut agir vite, faire rapidement les constatations nécessaires, et, nous l'avons dit, toute l'expertise consiste dans les constatations et les opérations de l'expert : ses déductions sont faciles à rectifier, à n'importe quel moment.

Or, quelquefois, il y aura urgence : on ne pourra attendre le choix fait par l'inculpé.

Ce sera, au cas d'extrême urgence, quand il faudra agir sans perdre un seul instant ; lorsque l'inculpé ne sera pas encore arrêté et qu'on ne pourra attendre son arrestation, que l'expertise pourra d'ailleurs faciliter en établissant les circonstances du crime ; ce sera enfin, quand le délai fixé, entre la notification de l'ordonnance du juge commettant un expert et le choix par l'inculpé, sera considéré comme trop long.

Il en résulte que, dans l'intérêt même de l'inculpé, le délai entre la notification immédiate et le choix qu'il a le droit de faire, doit être très court [1]. M. Thezard le fixait à quarante-huit heures. M. Cruppi semble, dans son premier projet, ne pas s'être suffisamment aperçu de cette nécessité. Dans le texte voté il est fixé à trois jours. Il faut éviter qu'il ne s'établisse un usage que confirmerait, d'ailleurs, la jurisprudence et qui, divisant les expertises en deux séries, les unes portant sur des délits dont les traces

[1] Brouardel, *De la réforme des expertises médico-légales*, p. 4.

,sont vite périssables, alors que celles des autres sont permanentes et ne s'effacent que lentement, laisserait au juge la faculté d'user toujours, dans les premières, du droit que lui confère l'article 9.

La réforme serait alors illusoire, car c'est surtout dans les premières que l'expertise contradictoire est nécessaire ; la réalité des faits pouvant toujours être facilement rétablie dans les autres.

3° *Organisation d'un arbitrage.* — Nous avons été amené en étudiant l'expertise au point de vue théorique à la considérer comme une sorte de jugement préjudiciel portant sur des faits et rendu par des personnes aussi compétentes en cette matière que les juges et les jurés dans celles qui leur sont soumises. Cette manière d'envisager l'expertise peut servir de base à certaines réformes que leurs auteurs préconisent sans partir du même point que nous et sans se servir du même raisonnement.

Des juges d'instruction comme M. Guillot, des avocats généraux comme M. Cruppi ont constaté combien une défense intelligente pouvait tirer parti des discussions qui se produisaient à la barre entre les spécialistes appelés par la défense et les experts, disons le mot, de l'accusation. Ces discussions dans lesquelles ces derniers sont souvent les vaincus étaient nous avons vu, la meilleure condamnation de ce système mixte de procédure, inquisitoire pendant l'instruction préalable et laissant à ce moment l'inculpé au secret, dérivé du droit intermédiaire pendant les débats à l'audience et permettant alors la pleine et libre discussion : c'était aussi l'exercice du droit de défense, l'un des droits imprescriptibles de l'inculpé.

Elles montraient combien il était ridicule d'écarter la défense des premières constatations, pour lui permettre d'en révéler ensuite avec éclat les défauts sans qu'il fût bien établi souvent quelles pouvaient être les conséquences de ces divergences sur les conclusions des experts.

Aussi ces deux honorables magistrats ont senti qu'il était de l'intérêt de l'accusation que les rapports ne pussent plus être discutés à l'audience.

M. Guillot adopte une solution nette : le rapport apporté devant le tribunal ou le jury sera définitif, il ne pourra plus être discuté : s'il n'a pas les effets d'un jugement, il aura au moins ceux d'une preuve légale. « Pour mettre un terme à ces inconvénients déplorables, à ces scandales funestes, il suffirait d'instituer dans chaque Faculté de médecine une Commission supérieure des expertises : ce serait devant elle que seraient portés l'examen et le débat des questions scientifiques soulevées soit par le désaccord des experts, soit par les objections de la défense.

« L'inculpé interpellé au début de son interrogatoire déclarerait s'il accepte ou non les constatations et les conclusions de l'expertise : dans le cas où il déclarerait les contester, il serait sursis jusqu'à ce que la Commission supérieure eût prononcé, ce serait devant elle qu'il produirait des consultations, et que son défenseur discuterait le rapport.

« La question scientifique serait définitivement tranchée par la discussion de la commission et ne pourrait être reprise à l'audience sous aucun prétexte [1]. »

Cette théorie est terriblement dangereuse : elle est séduisante en logique ; mais l'accepter serait faire un pas en arrière : ce serait souvent faire dépendre le sort d'un individu de la solution d'une question scientifique discutée par des gens ayant des idées arrêtées, et qui ne verraient que l'affirmation d'un point scientifique, alors qu'ils prononceraient peut-être l'arrêt de mort d'un être humain. Quand on se rappelle combien la science est sujette à caution, mieux vaut laisser subsister ces discussions qui montrent sa faiblesse et le degré de confiance qu'on peut lui accorder.

Ce serait aussi renoncer à la liberté de la défense, à la pleine discussion, pour une réforme dont l'efficacité est problématique. Les lois des pays voisins ne sont pas nécessairement destinées à devenir les nôtres.

M. Cruppi, plus diplomate, bien qu'inspiré par le même esprit, a imaginé un système plus accep-

[1] Guillot, *Des principes du nouveau Code d'instruction criminelle.*

table. Il eût facilement accepté la création de tribunaux de superarbitres chargés de dire le dernier mot
sur les questions qui sépareront l'expert de l'accusation et celui de la défense, tout en exprimant cette
idée « que l'avis des experts ne saurait lier les magistrats et le jury », mais là encore une difficulté
surgit : les frais seraient trop élevés. Mais comme il
importe que la discussion ait eu lieu et qu'elle ait été
tranchée avant que l'affaire vienne devant le jury, et
ici nous sommes entièrement de son avis, un tiers
expert, un arbitre prononcera. Les discussions pourront se renouveler, les jurés auront pour baser
leur opinion un rapport qui se présentera avec toutes
les garanties possibles. Le tiers expert sera désigné
par les deux experts, plus souvent par le président de
la juridiction choisie ; les intérêts de la société, nous
le voyons, ne seront pas sacrifiés : si le tiers expert
est choisi sur la liste, c'est une raison de plus pour
qu'elle soit établie de manière à ce que ses membres
présentent toutes garanties d'indépendance.

Telles sont les principales critiques que soulève le
projet de loi Cruppi voté par la Chambre.

Ce n'est pas la première fois que le principe de
contradiction apparaît dans l'histoire de l'expertise
criminelle. Ce n'est pas la première fois non plus que
nous voyons accorder à l'accusé le droit de choisir
l'expert.

Dans le registre criminel de Saint-Martin-des-

Champs, le sergent Renoult Guesdon ayant été soup-
çonné d'avoir blessé un orfèvre, le rapport constate
qu'il est fait à la requête dudit sergent. [1]

Certaines coutumes devaient permettre à l'accusé
de choisir lui-même l'expert, car nous trouvons dans
Prévot : « 29 avril 1864. — Défense au Sénéchal de la
Baronie de Mortagne de plus faire convenir les accusés de Chirurgiens ni Matrones pour les visiter, ni
leur nommer aucun procureur ; enjoint de nommer
d'office les Chirurgiens et Matrones. »

Nous avons vu dans Serpillon qu'il avait été soutenu sous l'Ordonnance de 1670 que les accusés devaient être appelés aux rapports dès qu'ils étaient
connus.

M. Drioux considère les témoins adjoints au juge
enquêteur comme un précédent de la contradiction
ou tout au moins du contrôle dans l'expertise. « Dans
les premiers temps de la procédure on s'est efforcé
de donner aux constatations une authenticité indéniable en y faisant procéder devant témoins. L'enquêteur était tenu de prendre un adjoint qui jurait
de garder le secret de l'enquête. C'était, contre la possibilité de l'arbitraire, une garantie rudimentaire [2]. »
Les adjoints étaient employés au civil et au criminel.
Leur institution est fort ancienne, on en trouve trace

[1] P. 170.
[2] Drioux, *Etude sur les expertises médico-légales et l'instruction criminelle*, 1886, p. 25.

dans une Ordonnance de Philippe le Long, en 1320. Ils furent à de nombreuses reprises supprimés puis rétablis. Sous l'ancien droit, la déclaration du 5 novembre 1704 les supprima définitivement. Si au criminel on attendait d'eux la protection de l'accusé, ils ne remplirent guère leur but. Henri III les avait créés en titre d'office et comme souvent ces offices avaient été levés par les procureurs du roi, les qualités d'accusateur et d'adjoint se trouvaient réunies dans la même personne. Dans deux mémoires tendant à leur suppression, d'Aguesseau [1] leur reproche au criminel, de retarder l'expédition de la justice, d'être devenus « les espions de l'accusé » et, notamment lorsqu'il y avait transport sur les lieux, d'augmenter les frais. Cette considération lui semble la plus sérieuse parce que « la dépense retombait sur le domaine du roi, sans aucune utilité pour la justice ».

Nous avons vu dans la loi des 16-29 septembre 1791 que leur usage avait été rétabli, du moins dans les levées de cadavre en cas de mort dont la cause était inconnue ou suspecte, et que dans cette hypothèse, l'officier de police devait se faire accompagner en même temps que d'un chirurgien de « deux citoyens actifs, lesquels, ainsi que le chirurgien ou homme de l'art, signeront l'acte avec lui ».

[1] D'Aguesseau, tome XIII, p. 669 et 674.

L'Ordonnance pour la Savoie du 20 février 1723, contient la disposition suivante :

Art. 3. « Les médecins et chirurgiens qui traiteront ou fourniront des remèdes à quelque blessé ou battu, exprimeront dans les dites notifications ou rapports qu'ils feront avec serment, le nom, surnom et la patrie du blessé : le lieu où ils l'ont traité, et au moins, les noms des deux témoins qui ont assisté lorsqu'ils ont mis le premier appareil[1]. »

Cette disposition s'appliquait aux rapports dénuntiatifs, elle est un véritable contrôle de l'existence de la blessure et de la réalité des soins donnés, contrôle de l'expert lui-même dans la mesure où de simples citoyens peuvent contrôler un homme de l'art. C'est un précédent du projet Thézard : elle était inspirée par la nécessité de contrôler alors les experts choisis par le plaignant, comme aujourd'hui l'expert choisi par le juge, la façon dont l'un et l'autre sont choisis pouvant les faire considérer comme animés de sentiments défavorables au prévenu.

Le projet de loi voté par la Chambre nous semble surtout l'application de cette très juste idée, que dès le début de l'instruction, la défense doit être mise sur le même pied que l'accusation, et dès ce moment, admise à rassembler ses preuves et à les produire.

---

[1] Titre V, *Des rapports des médecins et des chirurgiens.*

Dans l'expertise d'aujourd'hui, coexistent encore deux phases de la procédure, dans la première desquelles le but exclusif du juge semble être d'établir l'existence du délit et la culpabilité du prévenu, tandis que celui-ci ne pourra se disculper que dans la seconde.

Ce n'est qu'à l'audience que l'inculpé pourra essayer utilement de se défendre, après que le juge aura essayé dans l'instruction préparatoire, d'établir solidement sa culpabilité par un rapport affirmatif d'expert et cela en dehors de lui. C'est là une antinomie avec la loi sur l'instruction contradictoire : cela semble un souvenir de l'idée, base de la théorie des faits justificatifs. Laissons d'Aguesseau opposer à cette théorie, les principes des Grecs et des Romains : « Si nous pouvions interroger ces Maîtres du monde, ces sages Législateurs dont les Lois règnent souvent parmi nous par la seule force de la raison, sans emprunter le secours de l'autorité ; s'il nous était permis de leur demander les raisons et les motifs de cet usage, ils nous répondraient d'abord, que la loi qui présume toujours l'innocence et qui craint de découvrir le crime, ne doit pas souffrir que l'accusateur puisse tout dans le temps que l'accusé ne peut rien, et que la voix du premier se fasse entendre, lorsque le second est obligé de garder un triste et rigoureux silence ; que si la balance de la Justice ne doit pas pencher plutôt

du côté de l'Accusé que de celui de l'Accusateur, elle
doit au moins être égale entre l'un et l'autre, et que
le moindre privilège que doit espérer un accusé qui
peut être innocent, c'est l'indifférence, et si l'on ose
s'exprimer ainsi, l'équilibre de la justice. Ils nous
diraient ensuite que pour mieux juger de la vérité, il
faut envisager d'un même coup d'œil, dans un même
point de vue, l'accusation et la défense, réunir toutes
les circonstances, rassembler les différents faits, ne
point diviser ce qui est indivisible, de peur qu'en
voulant juger dans un temps du crime et dans un
autre de l'innocence, on ne puisse juger sainement
ni de l'un ni de l'autre ; que les preuves de l'Accusé
peuvent périr dans le temps qu'on s'applique uniquement à examiner celles de l'Accusateur, et quand
l'Accusé aurait le bonheur de conserver sa preuve
dans son intégrité, il est toujours à craindre qu'une
première impression, trop vive et trop profonde, ne
ferme l'esprit des juges à la lumière de la vérité, et
que la lenteur du contre-poison ne le rende même
absolument inutile [1]... »

Pendant longtemps nous nous sommes laissé ber-
cer par des sophismes, terroriser par des perspecti-
ves effrayantes ; l'intérêt de la société et celui de
l'inculpé ne pouvaient se concilier, ce dernier devait
être sacrifié ; toute tentative pour améliorer son sort

[1] D'Aguesseau, 51e plaidoyer.

ou pour garantir ses droits était un encouragement au mal, une atteinte à l'ordre social : si tout n'était pas pour le mieux, il était préférable de se taire, pour ne pas diminuer le prestige de la justice. Seuls, il est vrai, ces braves experts, qui après tout n'étaient au plus que des auxiliaires du juge, étaient abandonnés : leurs erreurs étaient d'ailleurs par trop retentissantes ; leur ignorance seule était, disait-on, la cause des erreurs judiciaires auxquelles ils étaient mêlés. Tout en sacrifiant leur réputation on se gardait bien cependant de critiquer la façon dont ils étaient choisis.

Plutôt que les hommes, la procédure était vicieuse, et cela parce qu'elle ne plaçait pas sur le même pied, pendant l'instruction, l'accusation et la défense, parce que la discussion qui, seule, peut faire jaillir la lumière, n'existait pas ou était mal organisée. Avec les réformes en cours, nous revenons à des idées plus exactes et plus justes. C'est un droit pour l'individu de ne pas être sacrifié à un pouvoir qui n'est organisé que pour le défendre : c'est un droit pour lui de présenter sa défense lui-même ou par personnes de son choix, sans être obligé d'espérer en la bienveillance du juge ou de ses auxiliaires.

L'égalité entre la défense et l'accusation, partout, dans toutes les phases de la procédure, voilà le principe qui doit inspirer toute réforme apportée à notre procédure criminelle. La loi Cruppi l'applique, et sans considérer si quelques-uns de ses détails sont plus ou moins parfaits, nous devons souhaiter la voir définitivement accueillie, car elle sera, dans notre Code, le premier pas vers de nouvelles idées.

Vu :

Le Doyen,
GLASSON.

Le Président de la Thèse,
J. LÉVEILLÉ.

Vu et permis d'imprimer :
Le Vice-Recteur de l'Académie de Paris,
GRÉARD.

BIBLIOGRAPHIE

D'Aguesseau. — *Œuvres.*

De Blegny. — *Traité contenant la manière de procéder à toutes les vérifications d'écriture.* Paris, 1698, in-12.

Bonnier. — *Traité des preuves.*

Ph. Bornier. — *Conférences sur les Ordonnances de Louis XIV.* Paris, 1755, 2 vol. in-4º.

Bourguignon. — *Manuel d'instruction criminelle.*

Brouardel. — *De la réforme des expertises médico-légales.*

Bruneau. — *Observations sur les matières criminelles.* Paris, 1715, in-4º.

Coutagne. — *Manuel des expertises médicales en matière criminelle.*

Desmazes. — *Histoire de la médecine légale.* Paris, 1880.
—   *Le Châtelet.*

J. Drioux. — *Etude sur les expertises médico-légales et l'instruction criminelle.* Paris, 1886, in-8º.

Esmein. — *Histoire de la procédure criminelle en France.*

Guillot. — *Des principes du nouveau Code d'instruction criminelle.*

Isambert. — *Recueil d'ordonnances.*

Jousse. — *Commentaire sur l'ordonnance criminelle, 1766.*
—   *Traité de la justice criminelle.* Paris, 1761.

Lailler et Vonoven. — *Les erreurs judiciaires.*

Leveillé. — *De la réforme du Code d'instruction criminelle.* Paris, 1882, in-8º.

Mangin et Faustin Hélie. — *De l'instruction écrite, 1847.*

Mittermaïer. — *Traité de la preuve en matière criminelle.*

Ch. Nouguier. — *La Cour d'assises.*

Orfila. — *Traité de médecine légale.*

Procès-verbal des conférences pour l'Ordonnance de 1670. 1776, in-4°.

Peleus. — *Œuvres.*

Penard. — *Vieilles redites à propos de la médecine légale et des experts.* Versailles, 1890, in-8°.

Pothier. — *Procédure criminelle.*

C.-J. Prévot. — *Principes de jurisprudence sur les rapports.* Paris, 1753.

Serpillon. — *Code criminel,* 1767.

Société des Bibliophiles français. — *Registre criminel du Châtelet,* 1861.

J. Raveneau. — *Traité des inscriptions de faux.* Paris, 1666, in-12.

Tanon. — *Registre criminel de St-Martin-des-Champs.*

Tableau de Paris, édité en plusieurs fois.

TABLE DES MATIÈRES

QUATRIÈME PARTIE

Paris. — A. PEDONE, Imprimeur-éditeur

www.ingramcontent.com/pod-product-compliance
Ingram Content Group UK Ltd.
Pitfield, Milton Keynes, MK11 3LW, UK
UKHW021937070726
13614UKWH00001B/488